きょうかたる
きのうのこと

平野甲賀

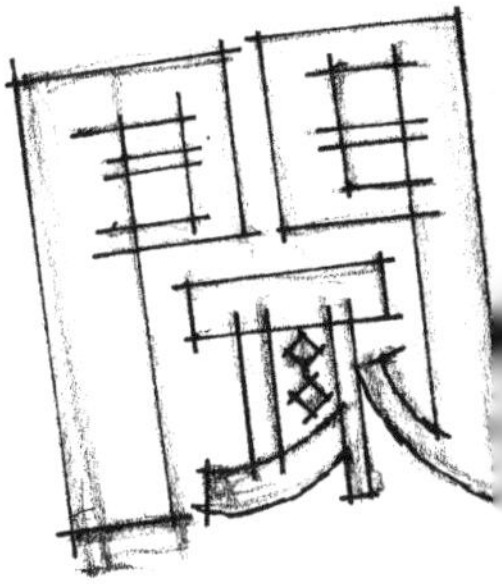

晶文社

ブックデザイン　平野甲賀

きょうかたる
きのうのこと
もくじ

ちょっと甲賀

きょうかたるきのうのこと

まえがき

「どうもどうもいやどうも　いつぞやいろいろこのたびはまた　まあまあひとつまあひとつ　そんなわけでなにぶんよろしく　なにのほうはいずれなにして　そのせつゆっくりいやどうも」

のっけから、谷川俊太郎さんの詩を引用致し、いやどうも高田渡ではなくて平野甲賀です。

ことばというのは面白いもので、いつかどこかで誰かがつかい、誰のものでもないことば。デザイナーだっていろいろとつかい、おことわりし、いいわけもする。森羅万象ことばで形容できぬものはない。そのことばの組合わせ次第では、情に棹させば流される。首に布まけば暖かい。いやあ文学ですね。なにを言っているのやら……。

しかし、ひらがながこうも並ぶと、じつに読みづらいものだ。だから句読点をつけたり、行をかえたりするわけだが、この詩の意図が半分ぐらい読みづらくすることにある。としたら文字の形とは、いったいどういうことになるのだろう。文字には意味ばかりではなく形から伝えるメッセージもあるのだ。と信ずるデザイナーの、これは綴り方教室です。

ちょっと甲賀

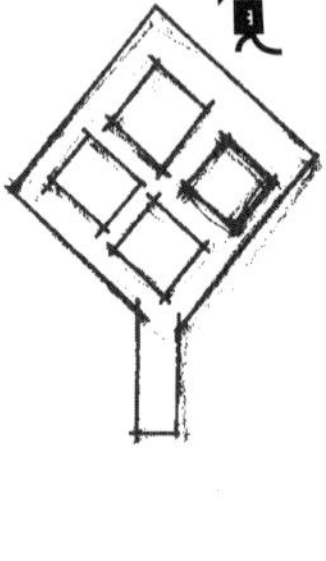

ちょっと甲賀

文字を「書く」とは書かずに「描く」ことにしたのはわりと最近のことだ。白川静さんの『常用字解』によれば「描」とは物の形を線だけでえがく、とある。つまりデッサン。それはまず鉛筆でラフを描き、修正をくりかえし、パソコンでアウトラインを起こし墨入れする、これが「描き文字」づくりの作業だ。だから「書」のように書いたものを束ねて器に入れ、神にささげ奉るといった神聖なる文字とは、僕のは、ずいぶんちがうような気がするのだ。

漢字の成立ち探索のついでに「苗」は――それは田の字に萌えいずる草のこと――。だけど、なんで日本の田植は、あんなにきちんと等間隔で、整然とラインが通っているのだろうか。他のアジアの国の水田のように生えるがままではいけないのか。これは几帳面な日本人の国民性なんだろう、たぶん。

ところで日本語の本文組版はなぜタテヨコすっきりと通っているのか。「日本語は四角い座布団に丸い宇宙を載っけたようなものだ」と先輩、杉浦康平さんがうまいことを言っていた。たしかに日本の文字は横巾のまちまちなアルファベットとはちがい、どんな形のものが載っていようと定寸の座布団はそのまんまだ――活字のみならずデジタルフォントでも基本的に文字は一字ずつ正方形のボディに据えられている、小さな句読点や記号さえもそうなんだ――あとは座布団がきっちりと並んでさえいれば気分がいい。まるで田植のように。

いつだったか、デザイナーの祖父江慎さんが見せてくれた福沢諭吉の『学問のすすめ』（明治六年）を思いだした。本文の文字は木版刷りの連綿体（仮名などが草双紙のようにつづき字になっている）それが第四版になると活字組になり、さらに版を重ねると、また連綿体に戻ったり、さらに活字組になったりをくりかえすのだ。いったいどういうこと？

当時の出版事情もあったのだろうが、まずは読みやすさを優先したのだろう。試行錯誤の結果、ここらあたりの攻防戦で現在の田植座布団スタイルに定着したのかもしれないなどと、勝手に納得。もちろん稲作の歴史はさらに古く、苗を一本ずつきちんと間隔を開けて植付けるのは収穫にかかわることであって、とりあえずデザインとは関係ありません、と新潟県出身者に諭された。とはいえ、現行の日本語組版ルールに慣れ親しんだ身には、もはや田植座布団スタイル以外には受入れることは出来ない。が、整然としている漢字のならびの中で仮名はスカスカと隙間だらけで居心地がわるいのもたしか、どうにかならないものか、とひとひねりしたくなる。

デザイナーが書名や帯の文言をツメてなんとかインパクトある一行を、と工夫をこらす——僕は植草甚一さんの本をずいぶんたくさん装丁してきた。とうぜん著者名が随所に表記される、本文組ならしかたがないことだとあきらめもつくが、カバーデザインでは、お名前の「一」の字には大いに悩まされた。これとて立派な一字であり、座布団一枚の価値ある存在。上下に隙間があるからツメろ、とは簡単には言えないというわけだ、その結果は店頭に並んだ本を見ていただければ解ることだが、一見なにげなさそうに見えれば大成功——だが本文組はね……。

実際、本文をツメ組にした本を手にしたことがあるが、ルール無視の組版ではまるで頭にはいらない。せっかくの文章だったが、そこではデザイナーのひとりよがりなあさはかさしか目にはいらなかったのだ。

正方形の上に文字を置き、縦にでも横にでも並びかえることができる、日本の活字はなんと機能的で素晴らしい、と感嘆の声をあげた外国人デザイナーがいた。それればかりではない、漢字仮名混じり文化の柔軟な合理性には、一文字で何通りかの意味を持っている漢字と、それをコントロールする仮名と、外来語は片仮名で、ときにはアルファベットそのものまでも混ぜこんで、一編の思想を組みあげる。こんな自由自在な言語があるだろうか。だからデザイナーの自己流の工夫でもゆるされるのではないか、とつい思ったりする。しかし美しさ、読みやすさなんてものは、形だけの問題ではない。むしろその文章自体にあるのだと、わが駄文も顧みず思う。

さて、僕は文字を「描く」ことを選んだのだが、かくも自由自在の言語は、ある時は美しく、醜く、そして意地のわるい態度で迫ってくる。そこで「物を見てかく手の仕事」――これは長谷川四郎さんの戯曲「審判─銀行員Kの罪」の登場人物、屋根裏絵描きティトレーリのソング――このなんの屈託もない言葉のように、いつもこう出来るかといえば当然そうはいかない。何の思いいれもなく「物を見る」ことはむずかしい、的確に「かく」ことはさらに大変なことだ。なにが正しくて確実なことなのか千変万化のこの世の中、判断もおぼつかない。

僕は本のタイトルや芝居の演目、その他いろいろ文字を描いてきた。そこではしばしばおなじ言葉（文字）に出会う、ひとたび文字が言葉となると思わぬ姿形を見せることに戸惑う。同じ文字でも悲劇的にもなり喜劇的にもなる、そしてそこに僕自身の判断や感想までが入り混じると結果――おなじ字を何度も描くことになり、異体字は増えるばかりだ。そんなに戸惑うなら、余計なことはやめて明朝体、ゴシック体その他いろいろ既成書体があるではないか、「物を見る」ことは読者にまかせて、デザイナーの思いいれなど余計なことだ。ここでもう一つ長谷川四郎さんの歌から。

さいのひたいが
つのなしで
あれはかたわだ
というけれど
そこだけ余計に
ひろい空
かたわでなんかありません
そこだけ余計に富んでいて
そこだけ余計にひろい空
それだけ余計に苦しみもする

描きためた文字をフォント化しようと思いたった。いそいそと描きためてきた文字を並べてみた。「一つの文言には一つの描き文字」これがいままで「思い定めた」僕の考えかただった。しかし、なにかものたりなさも感じはじめていたのだ。一つのフレーズに適当とおもわれる文字を描くことは、適当とおもわれる書体を選ぶこと、とそんなにかわりはないかもしれない。そしてあとは読者の想像力にまかせます、といった慇懃無礼な態度にほかならない。

そこで以前にも書いたことだか、いわゆる「貼り混ぜ」タイポグラフィーを採用することにした。一文字ずつはまったく異なる想いで描かれた文字、その個性を吟味しつつ、じっくりと貼り混ぜ、隠し味のきいた料理をつくろうと、また余計なことを考えた。ところが、描きためたとはいえ、常用漢字（二千百三十六字）の半分程度も埋めることができなかった。

さてそこで、ちょうど読みかけのレジナルド・ヒルの大長編ミステリーのなかに出てくる、未だ描いたことのない文字をチェックして、かたっぱしから描く！　そうすれば完成の暁には、この重厚なゴシックロマン一冊を我がフォント「コウガグロテスク」（と命名した）で組上げることが出来るのではないか。という密かな愉しみが加わることになった。

パソコンで文字を扱えるソフト（イラストレーターやインデザインなど）にはさいわい「字形」という、いま使おうとしているフォント全体を見ることができ、さらに同一の文字でありながら、デザインの異なる文字（異体字）を収納し選択でき、表示できる機能もある。これは僕にとってはたいへん便利なことだ。一字ずつ捨て難い個性を大切にしたいのだ。

何でもいい、適当なテキストを「コウガグロテスク」でザラッと変換してみた。こりゃすごいや、痛快ですらある。ヘッ、「一つの文言には一つの描き文字」という僕の考えかたが根底から覆った。こっちのほうがはるかに面白いのだ。バラバラでいい。うーむ、これはまた一つ、屁理屈をこねなくてはならないか……。上から下まで、一つのブランドで固めてるなんて無粋だよ、バラバラを上手に着こなす、これが真のおしゃれというもの……。とかさ。

声楽家の波多野睦美さんから聞いた話。彼女はお弟子さんたちのレッスンで、僕らデザイナーがときどき使うカラーチャートが便利なんだということだ。やはり母音がマゼンタ系で子音はシアン系かな、そうして出来あがった歌のカラーチャートから、その歌のトーンが視覚的に理解できるということなんだろうか。そうなんです。たしかに彼女のうたう日本語の詞の歌声は母性的でオレンジ色のように暖かに響きわたっていたのです。

ちょうどそのとき僕はひら仮名カタ仮名をモチーフにして色を付ける、数十種のヴァリエーションを創りだす作業中だったのだ。無印良品からダンボールで組立てる、こどもの椅子に模様をつけるという仕事を依頼されたのだった。あイうえオかきくケコ……。背景色と文字色を組み合わせて、さして何も考えず気ままに色を選んでいった。そのときある傾向に、まんまとはまりこんでいることに気がついた。生暖かくて曖昧で、どことなく渋いところもあるが、うんざりするような、どうしようもなく母音だらけの日本の伝統色カラーチャートの、こどもの椅子が出来あがりつつあった。

眞夜中でした
1DKのぼくは
缶チンでビールのみ

話しかけたかった
もういいかい
まーだだよ

無名詩人
長谷川四郎

僕は文字を描くたびに、これは「象形文字」なんだ、と言いきかせる。形であれ色であれ、一文字がもっている翳りはそうとう根が深い。ねじくれた欲望や羨望のあられなさを視る想いだ。それにしちゃあ、ずいぶん暢気で屈託なさげな姿ではないですかと、言われそうだが。いやぁ、これでも当人にしかわからない苦渋の選択というのがあるんですよ、わかってもらえるかなぁ。

じつはもうひとり、作曲家にして声楽家のともだち、平岩佐和子さんが、長谷川四郎の詩を歌う小さなコンサートをひらいた。そこで四郎さんの詩の一篇をコウガグロテスクでたまたま組んであった紙片を手わたして「これにも曲を付けて」と頼んだ。ざっと目をとおした彼女は「これは楽譜なんですね」。え？　かつて未来派やダダイストの詩人たちのあいだでは、自らのことばに自在なタイポグラフィーをほどこして、それを朗唱し演奏する。そんなことがしばしばおこなわれていたというのだ。あのデペロやカンジンスキーの作品にも図形や色だけではなく「音」まで付いていた……とは。そういえば友人の俳優、斎藤晴彦も僕のタイポグラフィー作品を見て言ったことがある「これは音がする、音楽ですな」と、彼が言いたかったのは単に「騒々しい」ということだったのかもしれないが、僕はひそかに「然るべく」と思ったものだ。

斎藤晴彦といえば、ベートーヴェンやモーツァルト、シューベルトの楽曲に自作の詩をのせて歌ってしまうという驚くべき芸の持ち主であったが、もしかしたらそれは僕のグロテスクの手法と同様の回路をとおって出現するのではないかと、ふと思った。僕の「図形楽譜」さて、どんなことに相成ったのかは聴いてみなくちゃわからない。

「象形」という文字を睨んでいたら、ちょっとクラッときた。象《かた》を形どる、これは読んで字のごとしでなんのことはない。心象風景、抽象的、現象もふだんから使うし、よく目にする言葉だ。色も形も音さえあっても不思議ではない。だが、そこにはなんとなく釈然としない心もとない気分が残るのはなぜか。さらに「象」という文字をぐっと睨む。これはあの「象」のことなの？「印象派」「象形文字」「象印マホービン」「♪ネコがたロボット」。あゝ、大きなお尻がゆらりと遠ざかっていく。

ブックデザインという仕事

ブックデザイン、この呼称はわりと近年になってから使われ、一般的に通用するようになってきた。いまでも装丁家と自称するひともいるし、ブックデザイナーとカタカナ表記にこだわるひともいる。まぁ、どうでもいい話で、横文字つまりカタカナのほうが上等だと思うひとは、そうすればいいのであって文句をつけるつもりはない、しかし、耳なれないブックマルシェなどと言われると、ついソワソワしてしまう。

装丁と言うときにも、装幀という文字を使うひともいる。幀という字は表具屋さんが絵なんぞを台紙に糊ばりするときに使う文字らしい。丁は、丁半の丁つまり偶数、紙を折れば偶数、それを束ねて、装わせることを生業とする装丁師。南伸坊さんに『装丁』（フレーベル館）という本があり、かれは「丁」を車夫馬丁の丁の字の意であると言うが、これとてあっぱれ仕事師だ。

コウガグロテスクを発表したころだから、ずいぶん以前のことになるが、MU－STARSのラッパー藤原大輔君とのトークショウで、ぼくの仕事はパンクなラッパーだと宣言したことがあった。つまりファンクなリズムに乗ってパンクにやる、それが流儀だよ、と。あたえられた命題を批判的に自己流のことばで表現する、これがラッパーの仕事だ。装丁すなわちラップだろ。

出版社から、これこれの本を出すことになりました、内容は……。ゲラが送られてくる。その著者のことを充分に承知していれば、テーマとタイトルを示されただけで仕上がりまで想像できるものだ。そういうときはゲラを読まずに即座に仕事にとりかかってしまう。そんなカンが頼りの危なっかしいことでいいのか、勿論いけない。とんだカン違いでしたではすまされない。が、それが案外おもしろい結果となることもある。直感と熟慮、いずれが優るか、まず手足を動かしてみよう。とはいえ、できるだけゲラには目をとおす。そこには、それ以上でも以下でもない情報がすでにあるというわけだ。目次項目を見て興味をひく頁をめくる。そこに書かれた物語に共感し、あるいは疑問をもち、これまで稿を書き進めた著者の顔をおもい浮かべたり、その編集者とのやりとりまで想像して、さんざん悩んで、散歩にでる。

カバーや表紙はときとしてメディアの役割をはたす。出版されたこの本が書店に並ぶ、同時期に出版されるあまたの書物にまじって、この本はどのような位置にランクされるのか、「書店で目立ってましたよ」と、担当編集者から声がかかる。これはたいへん嬉しいことだが、そのトーンというかニュアンスが問題だ。だいたい書店の一番いいとこに積まれ、店員のコメント付きの、売らんかなの本には、手を出しそびれる性分だし、書棚の片隅でひっそり光を放つような本を作りたいと常々おもっているわけだ。

ひと昔まえなら装丁やポスターの版下づくりは、まず写植を発注することから始まる。おおよそのイメージを思い描き、助手を写植屋に走らせる。版下の場面では、束《つか》見本の採寸。並製なら簡単、上製本はちょっと面倒、丸背のカーブやら折込具合やら、ちょっとした仕立て屋なみの想像力を要する。そして台紙づくり、銘柄はもうすっかり忘れたが厚手の白紙にロットリングなどを駆使してトンボを入れ、写植の裏にペーパーセメントを塗って準備する。これらは一応助手の仕事だったが、今ではこれらの手仕事のほとんどがPCに入ってしまった。つまり、僕の極小デザインスタジオでも合理化があったわけだ。

喫茶店で編集者と顔をあわせ、著者や関連本の話などを聞き出し、おおかたの方針や期限や稿料などをきめる。この段階でふくれあがったイメージは少しずつしぼんでゆくわけだが、ここには生身のコミュニケーションの、うざったい効用がまだあった。ところがこの十数年でガラリと変わった。机の上からは往年の文具は姿をけし、ペンだこもへこんできた。

いま現在の仕事の進行具合を記録しておこう。①まず、メールで依頼がくる（電話もあるが挨拶程度）。メールのほうがいい、聞き間違いがない。②ゲラと束見本が送られてくる。③イラストレーション、写真など、ほとんどは画像ファイルとして届く、生原稿は作業上ありえない。④PDFでラフスケッチの送信。帯文や定価コード類などの確認。この時点では使用紙質までは無理としても、ある程度までは想像できるように、デザイナー側は自前のプリンター出力などで仕上がりチェック。⑤この期におよんで言うのも何だけど、ここでいう色とは四色分解のことで、単色特色では色見本を付ける必要がある。今時、色数を少なくしても、かえって不経済なことになるのかも知れない。⑥用紙選び、見た目もさることながら、手触り感はさらに重要。存在感のある商品としても……。⑦初校が送られてくる。トンボ通りにカットし、折り目正しく束見本に着せてみる。はい出来上がり。⑧出来たての見本が届いた。さりげなくテーブルに置き、椅子に、ベッドに、床に、しばらく眺めて、点検し反省もする。その本の善し悪しは、もちろん本文に関わることだが、数ある本のなかにあって、思わず手に取ってもらえる風情を漂わせてみたいものだ。

ずいぶん長い間、本との時間をすごしてきたが、自分のことを装丁家だと、自覚したことはない。関わった本のすべてを読んだわけでもない。ただ本が置いてある空間は好きだ。だったら書店員にでもなったらどうだ、と思うけど、たぶんそれもない。空間といってもガランとした四角な函、それもいいかも知れないが、意識のうつろいのままに変容する本と空間。

いつか見た、フランス・ガリマール社の出版物のように、細いケイに書名と著者名のみが表示され、折丁に簡易表紙を巻いただけ、あとは読書人の見識におまかせするという態度。すでに本好きのみなさんはご承知だろうが、アンカットの頁を切りながら読みすすみ、いまだナイフのはいっていないところは、とうぜん未読で、つまりそこが栞がわりとなる。完全読破後、しかもなおこの感銘をながく保存すべしと、いよいよ装幀家のもとに持込む。塵よけの天金をほどこして、書棚へ。そんな流れも本にはある。

フィリップ・K・ディックのSF小説「ふとした表紙に」に、火星の出版社での、とんでもない話が書かれている。名だたるジョン・ドライデン訳によるルクレーティウス著『物の本質について』の新装版を出版するにあたり、五千部のうち半数を火星の「ワブ革」装、金箔押しをほどこし求めうる最高の優雅な値のはる、すでに社では、赤字覚悟の出版だ。そこへ突如偽物監視隊の男が地球版正本をふりかざして、不正なる改竄を指摘する。火星、火星と強調されると、つい二流品のように思えて、いじける社長は調査を命じる。そしてこの「ワブ」という動物は不死。死とか来世とか、そうした哲学を全く持ち合わせていないと判明するのだ。そのうえ、革になっても生きつづけ……。そこで社長は、ある計画を思いつく……。

装丁？　装幀？

「装幀」とは書かずに「装丁」というと「間違っている」と誰かが指摘していた、そのことがどうも、ひっかかっていて気になっていた。ヤケになって探してもどこに書かれていたのか、紛れてしまって、見つからなかった。ところが灯台もと暗し、目の前に積みあげてあるスクラップ帳のなかから、しかも歴代の装丁家先生たちの「装丁論」などがゾロゾロと登場してきたのだ。たぶんこうした文章を書く機会もあろうかと、切り抜きを保存していたらしいのだ。

田村義也さんは、もと岩波書店の編集者にして装丁家。「先ずは『書名』の文字を書く……」という一文のなかに、内田百閒の言「装幀・幀ノ字ニハテイノ音ガナイノデ僕ハイツモ避ケテ使ハナイノデス」「装釘又ハ装釘意匠トスル」を引用し、また書誌学者の長澤規矩也の「装釘とするのは全くの誤用、定める、きちんとする意の装訂とすべし。装丁という文字をつかうのは許容範囲」と書いてある。そうなんだ「幀」にはトウという音しかなく、やはり経師屋さんの分野なんだ。

田村さんのお仕事には、「先ずは『書名』の文字を書く……」と言われるとおり、文字を中心に据えたものが多い。鶴見俊輔『限界芸術論』（勁草書房）などが印象深い。これは余談だが、いちど世田谷美術館から田村・平野の「装丁展」の開催をもちかけられたことがあった。若輩者の僕は固辞した。成城学園に住んでいた頃のことで、田村義也さんもたしか世田谷在住であった。

この田村さんの文章は、「わが装丁を語る」というシリーズのなかの一つで、他にも数名の方々が語っている。なかに荒川じんぺい「僕の装丁作法」と題するものがあった。装丁する態度と作法について縷々あって、バーコード問題に及び「書物を出版社の流通にのった商品ととらえ……商業上の規制のなかで本の美を追求するのが装丁家なのである」。なかなか威勢がいい。

このシリーズではないが、恩地孝四郎は「装本」ということばを使っている。「本には人間の精神が生きている……装本はその生き物の生気を一層はっきりと提示することに働きかけるのが好もしい」。これは善いかもしれない。

さらにここに、「装幀心境」中川一政の人間味あふれる文章がある。自著『顔を洗ふ』(一九三八年、中央公論社)よりの抜粋。この抜粋文を全文載せたいくらいだが——。

「(まず、装幀の失敗について)自分の下手がまず第一だが……著者が冷淡な場合、出版者が不熱心な場合は情がうつらないから下手になる。……念を押すのである。著者が私に頼むのか。私に全部まかすのを承知か。……第二に装幀料の額を云ふ。装幀料を値切る本屋等は、……その出版に対して不熱心なのである。こういふ条件をきめてから割合に失敗はないようだ」。かつてじつは、晶文社の仕事でも中川一政さんにお願いしたことがあった。中川さんにとっては不本意なことだったかもしれないが、『耕治人全集』「第一巻」から「第七巻」、という文字を書いてもらっただけだった。

再三再四「文字」のこと

ひとによって、文字の上手下手はある。最近では手紙はメールで届く、だから下手もくそもない。備え付けのフォントでパタパタと書かれた用件に、ちらっと目をとおすだけで、要点が理解できればいい。文学的な言い回しや、気の利いた書体選びなんぞはかえって下心があるのでは、と疑念をいだかせるかもしれない。しかし、書籍や広告メディアなどの文言をあつかう者にとっては、フォントは重要なアイテムだ。最近よく見かける白地がちのデザインでは文字の形と文言がいのちとなる。よほど文言とその文字の形に惚れ込まないと、多少の工夫をこらすにしても、墨痕鮮やかに決めるには相当な力業がいることになるだろう。

さて、そこで文字の形のことだ。ぼくがこの仕事をはじめた時期は本文組はまだ活字で、活版印刷。それが間もなく写植、オフセット印刷。そして今やフォント、ＤＴＰ……。と目まぐるしく変化した。だとしても文字は文字、漢字仮名にはなんのかわりもない。さすがに歴史的時間を生き抜いてきた文字の形は、単に記号的な役割だけではなく霊験あらたかである。

十年も前だったか、タイポグラファーの小宮山博史さんのお誘いで四国・宇和島の文字好き連のまえで文字について話をしたことがあった。その後、お酒好きの小宮山氏の地酒探訪につきあって、駅前一帯を歩いた。その折なんと「オランダおいね」の寓居跡というのを発見、その庭さきにあった教場で展示されていた当時の教科書を見た。いつもならたいして興味はもたないのだが、その時は目を見張った。そこに黒々と刻印されていたのはなんと、民友社の仮名ではないか、して、まさか漢字は秀英体？　なんだか時計の狂ったタイムカプセルの中身をのぞいちゃったみたいなありえない気分。小宮山氏の興味はもっと別なことみたいだったけど……。

民友社というのがいったいどんな団体だったのか、さだかではない。だがぼくの駆け出し時代にはグラフィック・デザイナーの間では知らぬものはなかったと思う。たしか「写研」の写植見本帳にはその名が掲載されていたようにおもう。いまのフォントでいえば「游築初号かな・游築初号ゴシックかな」にあたるわけだが、ぼくのロマンチックな記憶のなかでは、もっと肉太で、あの勘亭流や寄席文字で組まれた一行のように粋で鯔背な姿で蘇ってくる。

だが、それが面白いことに、漢字ひらがな使いよりも、翻訳もののカタカナで表記されたタイトルや名前なんぞの一行に、なぜか魅了されてしまったのだ。この百年も前に作られた書体がハイカラな翻訳本のカバーを飾る、高級感ただようチョコレートのパッケージ、ヨーロッパの香り。きゅうには思いつかないが、たとえば粟津潔のデザインによる『マルドロールの歌』(現代思潮社)。粟津さんのキスマーク付き。など数々の名作名人芸に、ただただ酔いしれたということだ。

ぼくは書は体をあらわすと思うが、フォント設計にもそれは言える。書体デザインの字游工房の鳥海修さんは「游明朝体」を発表したおり、藤沢周平の本文が組める書体を作りたかったと話したことがあった。なるほどそうか、たぶん游明の基本設計にとりかかっていた頃と時を同じくして、藤沢周平の文庫本が近所の本屋にたくさん並んでいたような記憶がある。鳥海修君はその名のとおり鳥海山の見える山形出身。藤沢周平も山形の鶴岡市「海坂藩《うなさか》」。郷土の作家の名作『蝉しぐれ』を游明で組んでみたいと思うのは当然だろう。

ということで、時代小説がでてきたついでに、岡本綺堂、山本周五郎、池波正太郎、彼らにはどんな書体がふさわしいかなどと考えると、悩ましいけど楽しいことでもある。なかでも周五郎ものは活版印刷の組版で馴染んできた。書体はたぶん秀英明朝だと思うが忘れた。文庫本のザラッぽい紙に強い印圧、その手触りまでおぼえている。いまからすればとても読みにくいものだったが。しかし、文字は目で読むばかりではない。耳で聞くものでもある。

神楽坂のシアターイワトで『朗読、山本周五郎』を上演した。斎藤晴彦、石橋蓮司、古今亭志ん輔という、恐るべきお三方の顔ぶれで三夜連続、まさしく至福。その時も誰に何を読んでもらうか、さんざん悩み楽しんだ。

で、周五郎を組むなら、書体は？　ぼくがいま一番気に入っていて使用頻度の高い「DNP秀英丸ゴシックL・B」。岡澤慶秀デザインの新作が一押しだ。ぼくは、じつは丸ゴシック・フェチなんだ。一見明るく見えて、よく見ると不気味な姿形、岡澤君はそのことを充分に心得ている。どうしてか誰しもが丸というと、ついお子さま向けになってしまう、ボディいっぱいに文字を広げて、楽しさの押し売りがはじまる。せいぜいスーパーのチラシ程度の御用達。もともと、「丸ゴ」は、ひっそりと庶民の日常の生活感情を代弁してくれるものだと思っている。病院でくれる頓服薬の袋、丸に質の字、うらぶれた駅前路地の看板。山本周五郎、渾身の名作『青べか物語』をこの秀英丸ゴシックで組んで読みたい。

タイポジャンチ・イン・ソウル

二〇一一年九月のはじめに「第2回タイポジャンチ2011ソウル　国際タイポグラフィ・ビエンナーレ」に招待され出席してきた。この会は十年ほど前にも開催されたそうだが、なぜこうも間があいてしまったのか、それはわが国もおなじこと、つまりパソコンの普及によるデザイン作業の変化にちがいない。活字、写植はすでに昔話、それにともなう組版やらデザイン処理のDTP化によるのだろう。

ソウル訪問はこれで三度目だ。二度目、三度目はごくみじかい滞在だったが、一番最初は六年間という長期間だった。父から母の胎内へのりかえて、当時は京城府の三坂町という南大門のちかくの町で生まれ、小学生になるやならずで引揚者となって日本国に帰ってきたのだ。

ひさびさにこの地にあって、なにか感慨があってしかるべきところだろうが、とっさに浮かんでくるものはなかった。なにしろ六十数年もまえのことなので……。薄ぐもりの空に高層ビルが立ちならんでいる、隙間を車がせわしなく走りまわるさまはどこかの街で見たような風景だ。ふわりとして足もとがおぼつかない。

あたりまえだが、タイポジャンチに集まっている大半は年下の韓国人のタイポグラファーたちだ。ちょっと不思議な気分だ。同じ土地にうまれ、ぼくは東京でデザイナーとかタイポグラファーとかとよばれることになった。ことばはぜんぜん通じないが、文字をあつかう職人となってここに居る。

テーマは「東アジアの花火」ということで、へー、打上げ花火なんだ。「芸術の殿堂　ソウル書芸博物館」というやゝおおげさな名の会場に到着し、そこに貼ってあるポスターを見て「花火」ではなく、どうやら「火花」ということらしいと判明した。どうりで展覧会に先立って行われたシンポジウムの会場のスピーカーが、やたらとビービーバリバリと雷鳴をとどろかせていた。

中国、韓国、日本のパネラーたちが持参の画像を示しながらそれぞれ自説を主張する。聴衆はくばられたイヤホーンの同時通訳で拝聴する仕掛けだが、じつは話手の身ぶり手ぶりとうまくシンクロしない、なんのこったい、会場にはしだいに白けムードがただよいはじめた。どうも会の運営、段取りがまずいんじゃないかなと思った。まずゆっくり作品を見てから話をきく。

韓国から、国際組織委員長・安尚秀（弘益大学教授）。彼とは二、三度、会ったことがあるし作風もだいたい承知してはいるが、会場にそれらしい展示がなかったのは、おそらく催事全体のグラフィックデザインが彼の手になるものなんだろう。会場で手渡された分厚い、招待作家たちの作品集もきっとそうだ。独特なテイストと丁寧な編集作業とデザインだ。ハングルは読めないが、想像するに止める。

中国から呂敬人。大人風の風貌と、見かけにもかかわらず繊細なデザイン処理。杉浦康平師のところにしばらく在籍していたという。どおりでどこかで見たような仕上がりになっていた。お土産にいただいた古い中国の文字集。表紙が木製で、おそらく当節流行の3Dプリンターで刻んだらしい漢字をあしらったものだった。しかし、もう少しご本人の体臭を感じられるようなものが見たかった気がする。

もう一人、ホテルで、近寄ってきてやにわに自己紹介する、若い中国人がいた。話の様子では彼は香港出身らしいのだ。東京は新宿のさるデパートに作品がならんでいる、友人の誰それ君を知っているか？　ということだったが、じつは、どうやら北京あたりのデザイン批判を展開したかったらしい。彼からも作品集をいただいたが、どうも、いささか少女趣味で意外な感じだった。もはや、一党独裁ではデザインの潮流まで御せるものではないことは理解した。

日本からは全身、三宅一生を着こなした浅葉克己氏……。

会場に集まったたくさんの方々に紹介され名刺をいただくのだが、ぼくは名刺をもたない主義でして、などと言ってもたいした理由でもないわけで、とうぜん口ごもる。これはよくない。しかし、いただいた名刺のほとんどが漢字なので一安心するのだが、読めるようでもさっぱりわからない。結局、裏にある英語がたより。「東アジア」といいながら英語が共通語だったりするわけだ。言葉とは、まったくままならぬ、もどかしいものだ。

中国語には仮名がない。韓国語にはハングルはあっても漢字をほとんど使わない。中国でフォントを新たに作ろうとすると二十万字という国家的プロジェクトが必要になる。ハングルはわずか三百から五百個の部品をくみあわせればすむけれど、合理的すぎてなんとなくさびしそうでもある。それにひきかえ我が日本語は漢字仮名混じり、少なくとも二万字程度あれば事足りるというが、それは、いったい誰が使うのかしらと思うような新書体をどんどん登場させる要因にもなる。「コウガグロテスク」もしかり……。

文字はその国の歴史であり、文化であり、現実でもある。「東亜火花」はバチバチとスパークし合ったのだろうか。

黄色と紫

単なる色だけのことで言えば、ぼくの好きな色はレモンイエローだ。赤味をおびた黄は嫌い。

けれど、それはマチエールにもよるな、布、植物、皺のよった紙など、そんなことで微妙に気分はかわる。「幸福の黄色いハンカチ」は嫌い。ポケットミステリの小口を染めた黄色は好き、とか。

装丁やポスターの仕事に黄色を使うことが多かった。冷たい黄色つまりレモンイエローと青味がかった紫の組み合わせがなぜか好きだった。だが、この二色は、ぼくにとっては危険な色でもある。ほんのわずかなズレで、とてつもなくダサイ配色になりかねないし、この危険な組み合わせを敢えて選択することで、スリルも同時に味わおうとする。こんな配色は誰もしやしないだろうといった反骨が、ついそりかえってくるのだ。

だいぶ以前のはなしだが、晶文社の本は黄色い本が多いですネ、これは社のカラーですか？それに紫、この配色は風雅ですな、いやいや。

「紫——この色彩の暗号についてはまだ解けない　しばしば繰り返された　平野甲賀の芝居ポスターの紫」とは佐藤信の言。たしかに劇団黒テント時代はこの配色を多用していた。今おもえばこんな二色にふりまわされた、のっぴきならない青春時代もあったのだ。

だいたいサムライブルーなんて冠つきの色には、まず疑いの目をむける。色そのものにはなんの罪もないのだが、そんな命名をしてしまう精神や、かんたんに便乗してしまう群衆心理。こんなおぞましいものはないと、大人になっても過敏に反応してしまう自分がいる。

小豆島へ来てからの仕事

二〇一四年二月半ばの厳冬期に香川県小豆島に移住して、今はもう八月だ。つい先日雨台風がとおり過ぎたとおもったら南方洋上につぎなる台風が迫っているという。

不案内な土地柄だけに、天気予報はちょっと気になる。四国地方局の予報図にはかならず潮位が表示される。それによると徳島、高知、など太平洋に面した土地と瀬戸内ではかならず一メールほどの差がある。島の人たちは津波はまずこない、と言いきるが、これが理由らしい。それより雨台風といえば五十年に一度というヤツが恐ろしい。広島で多くのひとが死んだ土砂崩れだ。この島も広島も同じ地質という。初めてこの島の地面を見たとき、こりゃあ園芸にピッタリの土じゃなかろうかと思った。その予想は的中、畠にホカされた野菜や果実を食べればわかる。五十パーセント増しで美味い。この島は花崗岩で出来ている。地質のほとんどは、これの風化した真砂土で、サラサラと流れやすい危ない質だ。日本全土はだいたいこの傾向にあるから要注意。砂上の楼閣だ。

いきなり東京を離れ、ネット社会の充実ぶりを信じて、あいかわらず、なんとかなるだろうと楽天的な行動にでたわけだ。数年前に乞われて京都精華大学のデザイン科で講義をしたことがあった。その新幹線の往き帰りに、同伴してくれた鳥海修先生（字游工房）が、座席につくやいなや「ちょっと失礼します」とPCを開き当日の講義内容やら、連絡事項などの入力、あるいはメールチェック作業などをはじめた。「ほう、カッコいいネ」。

今時、車中で一本書き上げるなんてことは当たり前よ、一番集中できるのよね、と友人の凄腕作家がのたまった。たしかにカフェで一仕事なんていう若いデザイナーもいるわけだし、当日の授業に出席した学生諸君もノートPC持参だ。さすがに提出はプリントアウトで、と決めたそうで、そうでないと収拾がつかないことになるんだそうだ。

たしかに今では、意味不明のファイルのほうが、紙くずをはるかに超える量になるのかもしれない。一仕事終えるたんびに「ゴミ箱を空にする」を選択して……、アッ……、お母さん、あのファイルどこへいったんでしょうネ。というわけで、うろたえてはいけないのだ。曲がりなりにもPC一本で仕事をしようと決心したのだから。

①『記憶のゆきを踏んで』　くぼたのぞみ　発行・水牛　発売・インスクリプト

書名をいただき、字数をかぞえて、アナグラムのようにしたいと思った。なんとなく謎めくのぞみさんの容姿をおもいながら……。

この本の装丁原稿入稿日の朝、長距離引越し便のトラックが我が家の前で引越し作業をはじめていた。いつも応接間がわりに使っている目の前にある日本出版クラブ会館のロビーで、気もそぞろに版下原稿の説明などしながら、移住先への道中を思い、いま履いている、この靴でいいのか。こんな軽装でいいのだろうか。もう二度とこの場へ帰ってくることはないのだ。笑っちゃうほど、センチな気分が、他人ごとのように思えた。

引越し好きを自認し、所帯をもった渋谷松濤をかわきりに、麹町六番町、世田谷馬事公苑、成城二丁目、四丁目、三丁目、そして、いつの間にか一番長居した神楽坂袋町。この部屋を紹介してくれた不動産「東飯」のオヤジさん、といっても、ぼくと全くの同年うまれ。島へ引越しの朝、はいオカアサン餞別といって封筒をわたしにきた。はい、ありがとうと気軽に受けとったら、中身は十万円、今時こんな不動産屋っているの！　オレはグッときたね。そしてふわふわと、小豆島神懸《かんかけ》へ漂着したわけだ。

②『すごいジャズには理由《ワケ》がある』　音楽学者とジャズ・ピアニストの対話　岡田暁生＋フィリップ・ストレンジ　アルテスパブリッシング

ところで、ぼくもジャズがすき、とくにピアノがね、ラーシュ・ヨハンソン、ボボ・ステンソン、トルド・グスタフセンなんてのが、いい気取かたしてていいよね……。

③『北の想像力』《北海道文学》と《北海道ＳＦ》をめぐる思索の旅　岡和田晃編　寿郎社

執筆者が二十名いて、頁数が八百頁近い大冊、いったい誰が読むのでしょうか。編集者はご苦労様。あとで聞いたはなしでは日本SF大賞にノミネートされたらしい。

④『馬込文学地図』　近藤富枝　中公文庫

巻末に馬込付近略図があり、馬込、つまり大森駅を中心にしたこのあたりで小生、中学生の頃はそうとう彷徨《うろつ》いていたけれど、ここに登場する文士たちを見かけることは当然ありませんでした。

⑤『酔うために地球はぐるぐるまわってる』　椎名誠　講談社

シーナ初の全編酒まみれエッセイ集。（帯より）そしてシーナ初の自筆イラストをカバーに使用決定。このヨレヨレ感がけっこうイケてるのだ。

⑥『埠頭三角暗闇市場』　椎名誠　講談社

シーナSFの最新作、浅賀行雄の迫力満点のイラストで、しかしなんで並製なの、少しぐらい定価が上がったとしても、ドッシリとした上製本にすべきだ。こんなとこまで商売気丸出しでは夢がない。

⑦『銀座の学校・新宿の授業』　髙平哲郎スラップスティック選集1　ヨシモトブックス

時間的にも場所的にも、ちょっとダブる時期があって興味ぶかい。版型も表一写真もカッコウいいんじゃやない。だいいちこの出版社面白そうだ。

⑧『こんなコラムばかり新聞や雑誌に書いていた』　植草甚一　ちくま文庫
文庫本にして大著、上質なブックガイド、気の利いたヒント集ともいえそうだ。勉強になります。
⑨『哀愁の町に霧が降るのだ』　上巻・下巻　椎名誠　小学館文庫
沢野ひとしイラストの、まさに哀愁ただよう新作二点をいただいて、ちょっと気合いが入った。
⑩『定本アチャラカ　真面目が嫌い』　髙平哲郎スラップスティック選集2　ヨシモトブックス
1のときと同じく写真を使いたかったが、事情があって使えなくなったそうだ、残念。
⑪『地球上の全人類と全アリンコの重さは同じらしい。』　椎名誠　早川書房
シーナさん一体どうしちゃったのだろう。こんなに矢継ぎ早に本を出して、ちょっと心配。蟻と同じらしいって本当なの。
⑫『仮面の商人』　アンリ・トロワイヤ　小笠原豊樹訳　小学館文庫
小笠原さん、お体の具合いがよろしくないらしいと編集者の刈谷政則さんから聞く。これまた心配。小笠原さんの本は読むのもたいへん、仕事するのもたいへん、どうぞお疲れにならぬように……。我々の年頃になれば、なにがあっても仕方がないけど……。残念ながら訃報が届きました。東京山の上ホテルでお別れの会があるようだけど、遠方よりご冥福を祈るばかりです。

⑬『京都』　黒川創　新潮社

装丁用にどうですかと、著者幼年時代の家族写真が数葉送られてきた。はて、こうした写真の取り扱いはたいへん難しい。これは単なるヴィジュアル要素なんだと、クールには扱えないしね。

この本のゲラは手元に来てない。タイトルはただ二文字で『京都』、まさか今、はやりのガイドブックでないことは想像がつくが、それにしても『京都』なんだ。この本の担当編集者の須貝利恵子さんは「とてもいいですよ」と言うだけで、曰く言いがたい黒川創の『京都』なのか。

黒川氏ご一家は、ちょうどカバー初校が上がったころ小豆島にくるという、ぼくとしては入稿まえのほうが、いろいろ相談できて、ありがたいと思ったのだが、しかたがない。担当者にはあらかじめラフ案を送り、や々芳しからざる反応をえて、多少、自信を失いかけていたが、考え直すきっかけになった。あえて、さらし者になる覚悟はできている。

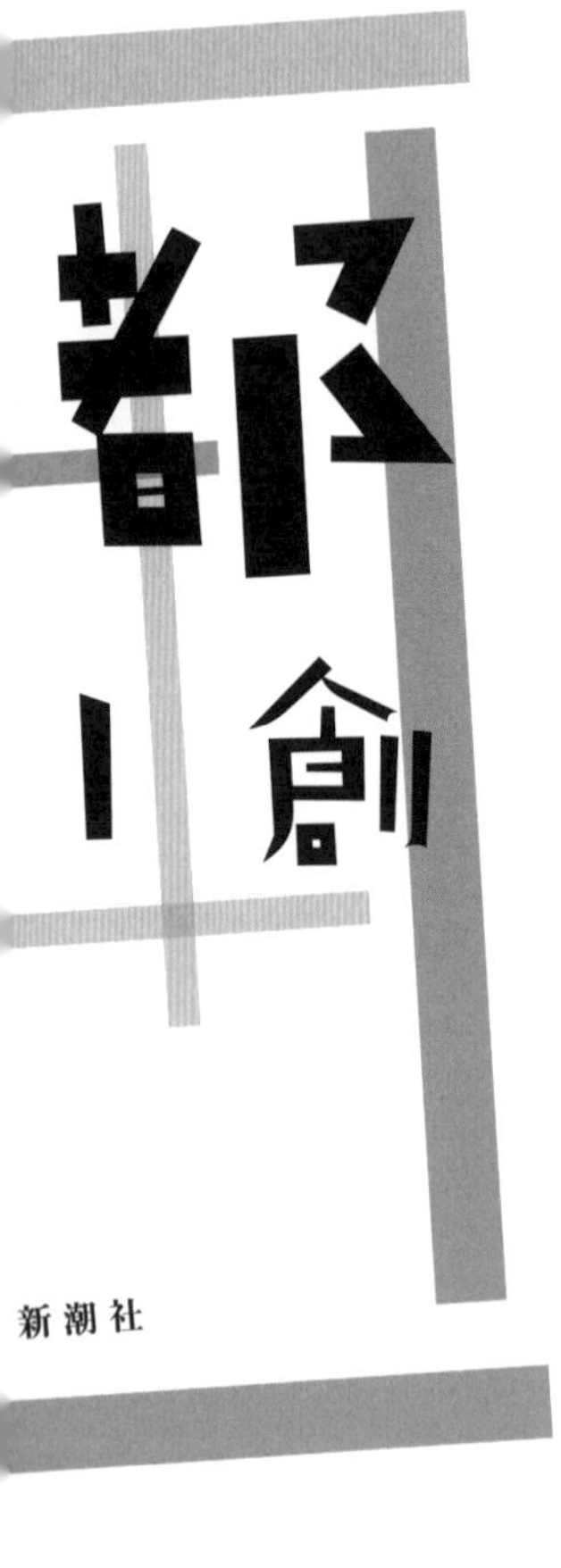

⑭『現代図案文字大集成』のための序文を執筆　青幻舎
カバーその他は大原大次郎君のデザインによる。以下、再録します。

いまなぜ文字を描くのか。このデジタルな社会では、必要ならキーボードをたたき、即座に文字が画面に表示され、豊富にそろえられたフォント（書体）のなかから好みのものを選んで、美しい一行を簡単に手に入れることができる。そしてグラフィックツールの多少の知識があれば、大小さまざま書体をとりまぜて一幅のタイポグラフィーを机上の一台のパソコンとデザイナーの指先だけで、苦もなく完成させることもできる。しかし、この美しい一連の作業のなかで、そのデザインのさらに向こうに、飽くなき欲望が横たわっていることに気づかされる。そこで、さまざまな表現を駆使し、苦吟するのだ。だがまずは、最も直接的な手段である文字のことを考える。

日本語は象形文字の文化だ、漢字一文字のなかに風景がみえている。そして次々と絵を重ね

て、いま何処に居て何処へ行こうとしているのか語ろうとする。風景には色があり、音さえ聞こえ、ときには風もふき、気温さえ感じて、森羅万象のことごとくを表現することができるのではないかと思ったりする。国語文法のことはさておき、この一文字の風景画の形、色、音のたたずまいが、微妙な感情をつたえようとする。ものは言いようで表情もかわる、ときには厳しくも、優しくもみえる。

つまり文字は記号的な役わりだけではなく、商品名、演劇映画、コンサート、書名、キャッチフレーズなども、この象形の力をかりて個性的な姿をみせようとする。もはや文字は、太くしたり、大きくしたり、声高に主張するだけではなく、それぞれの性格にそった意匠を身にまとい、印象的な存在感を主張する。

辻克己氏編著による『現代図案文字大集成』は大正末期から昭和初期に登場した図案文字、秀作のコレクションだ。なにもかもデジタル化の現在からみれば、古き良き時代の骨董デザインであるかのようにみえるかもしれないが、さにあらず、われわれコンピュータ・グラフィックスに頼りきった、きらびやかな軽薄さと生半可な気取りを、あっさりと一掃してあまりある。ここには、図案家の手仕事時代が、どれだけ素直な喜怒哀楽に満ち、人間味あふれる世界であったかを想像させる。アルファベット、カタ仮名、ひら仮名、ロゴマーク。世界的流行のスタイル追従であるかにみえて、じつに、巧みなパロディーであり、みごとに咀嚼されたものだ。

同時に併載された、仰々しい勘亭流や印半纏の文字までもが、むしろ批評的な姿にみえてくるから不思議なくらいだ。そして特に、目をみはるのは映画演劇や書名のために描かれた文字群だ。

その自由で奇抜な発想は一図案家だけのものではない。彼等をとりまくユーモアと知性あふれる自由闊達な運動感覚が縦横に見てとれる。これぞ描き文字の世界、しあわせなデザインの有り様なのだ。　装丁家　平野甲賀

（しかし、なんとまぁ、御大層な大演説だこと、それより、まず手を動かすことだ）

⑮『スラップスティック・ジャム　変人よ我に返れ』　髙平哲郎スラップスティック選集3　ヨシモトブックス

惜しいことに先日亡くなった安西水丸。以前、元本に描いたものを再利用、彼の表現は軽くてオシャレで大好きだった。

⑯「高橋悠治ピアノ・リサイタル」　二〇一五・二・二十六　浜離宮朝日ホールのチラシ

たぶんこの日は行くことはできないだろう。残念。

⑰新潮ことばの扉『教科書で出会った名詩一〇〇』　石原千秋監修　新潮文庫編集部編　新潮文庫

カバーはコウガグロテスクで名詩の冒頭部分を組みたい、書体使用ということで何某かの費用が期待できるという。大森さん、ありがとう。

⑱『わが町新宿』　田辺茂一　紀伊國屋書店

言わずと知れた創業者の新宿物語。ぼくらは紀伊國屋ホールにはずいぶんお世話になった。ホールを数回にわたって使わせてもらった。緞帳がわりに防火シャッターを下ろせと無理難題をきいてもらったこともある。これは山元清多作、佐伯隆幸演出の『海賊』の幕切れ、じつに大仰でシビレたね。黒テントの劇場版『阿部定の犬』の上演では、バカゲタ暴徒の乱入で、劇場入口わきにあった画廊の大ガラスを破壊するという、警察沙汰。紀伊國屋では本を買うというより店内の喫茶店にたむろする、苦い青春時代の思い出ばかり。

⑲古今亭志ん輔と淡座　『真景累ヶ淵　最終章』　二〇一四・十二・五　原宿VACANTのチラシ

志ん輔さん長い間ありがとうございました。ぼくは小豆島で留守番で高座を拝見できません。この噺は落語界の財産となることでしょう。この企画に参画できたことを誇りにおもいます。

⑳『MONKEY』Vol.5　死者の歌　スイッチ・パブリッシング

「猿からの質問」に答えて原稿。映画館の話。

㉑『笑う風　ねむい雲』　椎名誠　集英社文庫

この本は以前晶文社から出版されたもの。装丁は平野。椎名さんの本の仕事が多いのは、文庫や新装本が、やたらと出るからで、出版不況と言われながら、大増刷の話も時々聞こえてくるし、装丁者としては喜ばしいことです。この晶文社の元本、いい本だったね。写真も文章も。写真展なんてのもアリかもしれない。

㉒『サイエンス・ウォーズ』 金森修 東京大学出版会

これも好評品切れにつき、新装版を出したいという、装丁家という職業の冥利というべきか。

㉓『本と暮らせば』 出久根達郎 草思社

ぜひ若いひと（女性？）向きの本にしたいという、むずかしい注文、さて、そうなるかしら。直木賞作家にして古本屋店主の蘊蓄をたっぷりと。

㉔『新潮ことばの扉』 第二弾

何もしないでといわれても、なんとなく落着かないものだ。

㉕『新橋烏森口青春篇』 椎名誠 小学館文庫

新しい仕事はメールでオーダーがくる、これはいいことだ、メールの書きっぷりで編集者の能力というか性格が、なんとなく解るようになってきた。

㉖『スタンダップ・コメディの復習 アメリカは笑いっ放し』 髙平哲郎スラップスティック選集4 ヨシモトブックス

このシリーズの編集者は赤岩州五さん、彼とのつきあいもだいぶ長いが、面倒な仕事をよくこなしてくれる。シリーズの解説者たちの顔ぶれを見れば、その大変さはわかる。

ここのところ、本業の方の依頼が停滞しだした。ちょっと心配だが、苦手な作文を、あちこちつつき回す時間が持てて、文筆業のたいへんさをつくづく思い知ることができた。本というものは内側も外側もじつに大変な作業だ。

月光荘のスケッチブック

つい先日、ドッペルツィマー（Doppelzimmer）の山猫遥子が突然わが家に現れて、そこにあったスケッチブックをとりあげて、あっ月光荘だといって、パラパラとやりながらふむふむと頷いたり……。一瞬やばいと思ったが、別段困ったことが描かれてあるわけでもなく、この天才少女のなすがままにしておいた。ただこのスケッチブックは青春時代からの伴走者であったと『銀座百点』に書いたことがあって、それを急に思い出したのだ。

月光荘が西銀座の泰明小学校の向かいにあったころからのファンだ。日当りのいい小さな画材店だった。なぜこんなところに……まさか校門の前の文具店か。

ぼくは、「お茶美」とよばれていた美術学校受験の予備校「御茶の水美術学院」に通っていた。「お茶美」はとうぜん御茶ノ水にあって駅から二、三分のところにあった。いまもあるにちがいない。駅周辺の風景はそんなにかわっていないが、あのころは駅を見下ろす崖っぷちにはごく小さな喫茶店やバーや画材店が肩よせあって並んでいた。「羅甸區《らてんく》」や「茜蕫」、「ジロー」なんて名の店もあった。どの店も、店にあわせた音楽や飾りものを並べていたように憶う。つまりちょっとカルチェラタンを気取ったわけだ。その時期はまだ、ロックやパンクではなくクラシック音楽やロシア民謡やシャンソン好みもけっこういたのだろう。

大きなカルトン（紙挟み）をかかえて毎日のように石膏像とのにらめっこ、好みの木炭、消しゴムがわりの食パン一片。それとさりげなく月光荘のスケッチブック。誰が持ちこんだのかわからないが、なぜか誰もがもっていた。

月光荘は画材店だからさまざまな画材を売っている。スケッチブックもいろいろな大きさや紙質のものがある。けれどぼくが買うのはいつも薄手の上質紙のような八十枚ほどの小ぶりで四角いもの――Ａ４を横にして寸法をつめている（タテ二〇三ミリ×ヨコ二四三ミリ）。いったいどんな紙取りをしているんだろう、専門的な言い方をすればこれはまったく不経済寸法なのだ。しかし何十年もこの形がかわってはいないところをみると、なにか蘊蓄がかくされているのだろう。

たしかに何十年もこれを買いつづけている者がいるのだから、経済効果ありということになるわけだ。

　ついでに表紙のこともちょっとほめよう。しごくあっさりしたボール紙に白抜きでGEKKOSOとホルンのマーク、紙が紙だからインクが吸いこまれてカラッとしたマット調に仕上がっている。一冊使いきったころには角や折り目の色がいいぐあいにすり減って、次の一冊へとなにげないバトンタッチとなる。たぶんこのデザインもずっと同じなんだ。

　いまでは銀座へ出かけてゆくことも少なくなっている——だいたい銀座で買物するような身分ではないが、スケッチブックだけはまとめ買いをする。色のヴァリエーションが六色ほどある。一冊四一五円也。

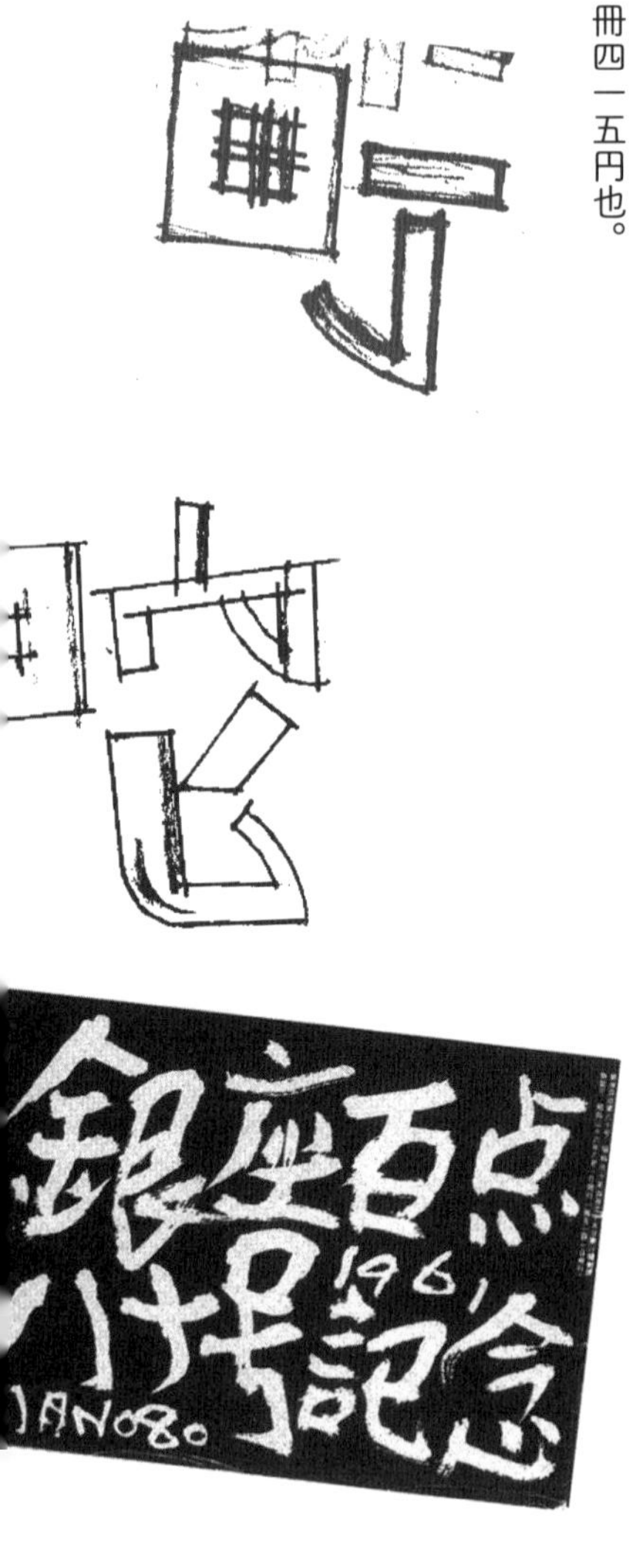

二、三年前のことだが武蔵野美術学校（現・武蔵野美術大学）時代の友人N氏が「これ憶えてるかい」とボロボロになった月光荘のスケッチブックを見せてくれた。「へえー、おまえもこんなの使ってたっけ」、思わず手でなぜさすったが、彼が見せたかったのはそのなかに描きなぐられた、ぼくのイラストと言葉だった。どんなことかは、いまここでは公表できないが、他人のものにまでズカズカと侵入していく青春時代の厚顔ぶりが苦々しく甦った。

麻雀の点数やら、講義ノート、課題提出日、バイト先の住所電話番号からラブレターの下書き、時々アイディアスケッチ……。なにもかもごたごたと押しこんだ数十冊の月光荘を下宿を引き払うときにすべて処分した。紐掛けした束が床からひょろっと立っていたのを思いだす。

銀座百点会から、最近でた冊子が送られてきた。その封筒に「銀座百点」と佐野繁次郎の文字がある。この文字を見ると、あー、銀座だなとおもう。「パピリオ」「セントメリーフジヤマ」「婦人画報」。銀座通りでよく目にしたスタイルだった。

学校を卒業して、転々と職場をかわったが、デザイナー稼業であることにはかわりない。デパートの宣伝部から出版社へ、広告デザインからエディトリアルデザインへと関心が移っていった。そんなとき世のなかにパソコンが出回りはじめた。やがて本のカバーデザインもパソコンの画面上で完成させたいと、いつもの半端な完全主義者であるぼくは考えるようになった。そしてパソコンのなかには装丁で使えるような文字がないことに気がついたのだ。ならば使いたい文字は自分でつくるしかない。この時の試行錯誤がその後の自己流描き文字作業に大いに役立った。もちろんいまでは活字や写真植字時代をはるかにしのぐ量のフォント（書体）が出回ってはいるが。

文字はただ意をしめすだけでなく味をも伝えるものであることは言うまでもない。では味とはなにか。

ぼくの描き文字修業は（ここでいう文字は所謂「書」ではない）じつはパソコン以前、きっかけは演劇のポスターづくりからだった。一九七〇年代はアングラ演劇の台頭期でシルクスクリーンの傑作が数々うまれた。これは日本のグラフィックデザインを大きく前進させたエポック・メイキングな事態に違いないといまも思っている。

およばずながら、ぼくもそんな渦中にいた。宣伝物から舞台装置やなにやかや、デザイナーの勉強になる仕事は山のようにあった、なかでも昭和の大衆演劇や映画や雑誌にしばしば登場していた活き活きとした文字との出合いはぼくにとって決定的だった。

整然とした明朝体やゴシック体は必然のことだが、懐古趣味といわれようと、そこにある並々ならぬ手描き文字の表現力を無視できるものではない。なんとか自分のものにしたいと思いこんだ。それは舞台装置家でもあった吉田謙吉や映画ポスターの河野鷹思をはじめとする昭和の大名人たちの芸を盗むことでもあった。とうぜん佐野繁次郎もそのなかのお一人。

作業はまず、鉛筆の下絵からはじまる。ほら、ここでまた月光荘のスケッチブックの登場だ。十文字前後の本のタイトルや演目の文字をデッサンするのにちょうどいいサイズ、小型トート・バッグにもすっぽりおさまるし、喫茶店でひろげても怪しまれることもない。卓上のスキャナーにもそのまま載せてイラストレーター（コンピュータソフト）の下絵として取りこむ手軽さ。余白には打ち合わせの要点や思いつきを、またぞろごたごたと書きこんだりして、けっきょく学生時代とそうかわりはない。これからもずっと机のかたすみに……。

このスケッチブックのデザインは香川県出身の猪熊弦一郎氏によるものでした。彼の仕事はふるさと丸亀市にある記念美術館で見ることができるという。追従したわけではないが、わたしもつい先頃、香川県小豆島に移住した者としては是非見に行かねばなるまいとおもいつつ、未だ果たせずにいる。

＊御注意　月光荘には包装紙や紙袋などの用意はない。ちょっとした量の買い物でも、ご近所のお菓子屋やブティックなどの紙袋を再利用して、わたしてくれる、面白いよ。

受賞のことば

劇団黒テントは、一九七一年に劇団六月劇場と劇団自由劇場が主体となり、合体する形で発足した。アングラ演劇運動の急激な流れのなかにあって、移動するテント劇場というメディアをもつことで自らの表現を解放し、都市や街に、やにわに黒テントを出現させ、たちどころに消える。このすばやい批評性は、微かではあるが消すことのできない傷痕をのこす。それは、記憶のなか、俳優術のなか、歌声のなか、そして懐かしのポスター。

七〇年代はシルクスクリーンの大型ポスターの時代だった。状況劇場の横尾忠則。天井桟敷の宇野亞喜良。そして多くのデザイナーたちが小劇場運動に参加し競うようにポスターをつくった。一九八八年に西武美術館で「現代演劇のアートワーク」展が開かれ、壁面はまるで大漁旗を飾り付けたような賑わいで、人を圧倒する力はあったものの、すでに情宣の役割はおわり、その残滓をさらす一抹の寂しさがただよっていた。

展示パンフレットに及部克人氏との対談が掲載されている。「ポスターは劇団の旗だ」。稽古場にいちはやく登場し、次に、我々はこのような芝居を上演するのだと宣言し、劇団のメンバーを鼓舞し、あるいは遅筆な作家の尻をたたきさえした。もちろん観客動員のための重要なツールとなり、地方オルグに手わたされ、集団の期待をにない、それ自身多弁な活動の証でもあった。

壁にはられた期限切れのポスター、その裏側には、いまだに過剰な思いいれが貼付いている。


これは日本タイポグラフィ協会から、黒テントと平野甲賀が、佐藤敬之輔賞を受賞したので、作品とコメントを送れと要請があり、何をいまさらと思ったが、往事のことを知る者が、劇団にいないだろうとおもい、書くことにした。

だが保存してある図像は、あくまでも生々しく蘇る、すでに反省の余地もあたえない物体と化している。ただ唖然と見まもるだけだ。


二〇一五年一月一日深夜、テレビを見てたら、五十年前の東京オリンピックのポスター・デザイン、その経緯についての番組を流していた。亀倉雄策の提案とデザインによるポスターとその後のオリンピック全体と東京の公共案内表示についての物語。とくに言語のちがう外国人に、どうアナウンスすればいいのか、それをすべてアイコン化という優れた発想で解決し、現在にいたるまで世界的な視覚言語になったと誇らしげに解説者は言う。

たしかに、「便所」よりも「WC」よりも、子供たちでも誰でも知ってる例の男女人型のシンボルだ。これが昭和三十三年には決まっていたというからすごい。「この紋所が目に入らぬか」

といえば水戸黄門。日本人は昔からアイコン大好き人種なんだ。もしかしたら、このアイコンを付けた時代劇がそのうち登場するやもしれぬ。

きょうかたるきのうのこと

展覧会の打合せ

二〇一二年十二月十四日（金）。今回のムサビでの展覧会（二〇一三年十月二十一日から十二月二十一日まで行われる）について初打合せ、吉祥寺のジャズ喫茶サムタイムにて、メンバーは新島実先生と美術館の本庄美千代さん河野通義さん。

まず、はじめに今回の展示のタイトルをどうするのか。「平野甲賀の日常術」というのがぼくのひねりだした案だったが、それではあまりに個人的で押しつけがキツすぎる、日頃から共同作業だ、といいながらつい自分がでてしまうのね、それは観客がきめることなのよ。そうなんだ、で「平野甲賀の仕事1964−2013展」に決定。ぼくはかなり遠慮深いほうなんだがね……。

展示すべきものはすでにある、それを四十九年間という時間をかけて見てくれれば解りやすいんだが、そりゃ無理なはなしだ。ならばここから先の、わずかに残された時間を有効に、ムサビの学生諸君とワークショップをやってみよう。コウガグロテスク（新作ものをフォント化）を使って文字絵本の造本制作。展示図録の編集作業もある。図書室を使ってライブセッションはどうか、などなど。あっというまに二時間あまり喋って、それでは次回に……。

二回目は、新島実教授と二人だけで会う。彼は展示図録の序文を書かねばならないのだ。彼とぼくとは、ほとんど面識はないといってもいいくらいの間柄だが、さすがに教授ともなれば調べは行き届いている。そのうえ「結構」という言葉の真意についてご教授いただいたことはありがたかった。「けっこうです」とまあ一応丁重なおことわり。「けっこうですな」と、おざなりな褒めことば、「結構」には、それよりはもっと深い意味があるのだった。辞書で調べればその意味はわかる、以後、肝に銘じてこの言葉を取扱わねばならない。

デザインという仕事にかかわる以上、形体、図像、色彩、などを無自覚に扱うことは出来ないのだ。それぞれに意味があり、思想があり、官能的なものさえある。思いつきもけして悪いことではないが、焦らずもっとゆっくりと見きわめよう。

武蔵野美術大学美術館・図書館（平野甲賀の仕事 1964–2013 展）

二〇一三年十月二十一日。会場の展示物のわきに表示したコメントがおもしろかったよ。というオダテにのせられて、ここに再録することにした。ちょっとだけ付け加えて。

ムサビ時代

僕がムサビに入学した頃は学校は吉祥寺にあった。駅前商店街をぬうようにして、五日市街道をちょっと越えたあたりだ。したがって道中は誘惑でいっぱいで、あっちこっち寄り道して、つまり課題提出日が出席日だった。主任教授は歴史的存在でもある原弘先生でね、年に一、二度見かけたかな……。クラスメイトには佐野洋子や、今や伝説の漫画『同棲時代』で一世を風靡した上村一夫など、すでに実社会で稼いでいる輩もいて、在学三年のとき僕が獲得した「日宣美展」特選も、やゝかすんでいたな。

「日宣美展」というのは、数年後に解体された日本宣伝美術会主催の、僕らにとっては登竜門的、就活的な展覧会でした。僕の作品は、当時新進気鋭の大江健三郎の小説『見るまえに跳べ』のポスターで、同級生の後藤一之君との共同作業。B全水張り原寸、直描きという、じつにアナログかつ大胆、暢気なものでした。

六月劇場

津野海太郎と長田弘らの提案ではじまった劇団、六月劇場。パリ五月革命にちなんだかどうかは解らないが、なかなかの傑物があつまっていた。岸田森、草野大悟、村松克己、悠木千帆（樹木希林）、稲葉良子、松田優作もいたな。制作部には山元清多、佐伯隆幸、伊藤与志江、森田公子など。渋谷、目黒、六本木、新宿と。いろんな場所で、いろんな出来事に出会ったけど、ちっとも疲れなかったな、あの頃は。

六月劇場の出発点のことを少し書いておこう。事務所兼稽古場は高輪のある寺の片隅にあった木造住宅だった。試演会と称して、ごく小さな舞台をつくり、津野海太郎の構成演出の『ブレヒト・オン・ブレヒト』というかなりスケールの大きな作品を用意した。小さな舞台というのは、広間のとなりの四畳半で、壁と天井をベニヤでおおい、それに新聞紙を貼り、ニスで塗装し、全員、シンナー中毒患者になった。料金は年齢×十円、これはうまい仕掛で、思いのほかの収入だったらしい。世間ではビートルズの初来日で武道館は大騒ぎだった。白状すれば、その時ぼくは汗くさい仕込み作業服のまま、抜け出して武道館の客席にいた。満員の観衆の中でビートルズを観、聴きしたわけだが、それだけのことで、こころここに非ず、すぐに稽古場に戻った。抜け駆けはできないね。

舞台装置

カフカの『審判—銀行員Kの罪』、長谷川四郎台本、津野海太郎演出の舞台だ。これははじめて描いた舞台スケッチ、その後いくつも上演舞台につき合うことになったが、舞台装置はブックデザインとよくにていると思った。演出家はつまり編集者で、役者が著者で、デザイナーは音楽家や照明係やスタッフたちと、できれば観客もまきこんで、見たこともない空間をつくりだすことを夢みる。

ぼくが演劇にハマったのは、カッコいいとか優越感を味わいたいからではない、いや少しぐらいはそんな気分もあったかもしれないが、それより若く美しい女優さんたちとの共同作業はもっと楽しい。あまり上出来とは言いがたい空間でも、生身の人間が、自分の設計どおりのドアをあけ階段を降りてくる。そこで唄い笑い泣く。下手でも上手でも構わない。ぼくにとっては、それは虚構ではなく、いちいち、まったくリアルな瞬間なのだ。

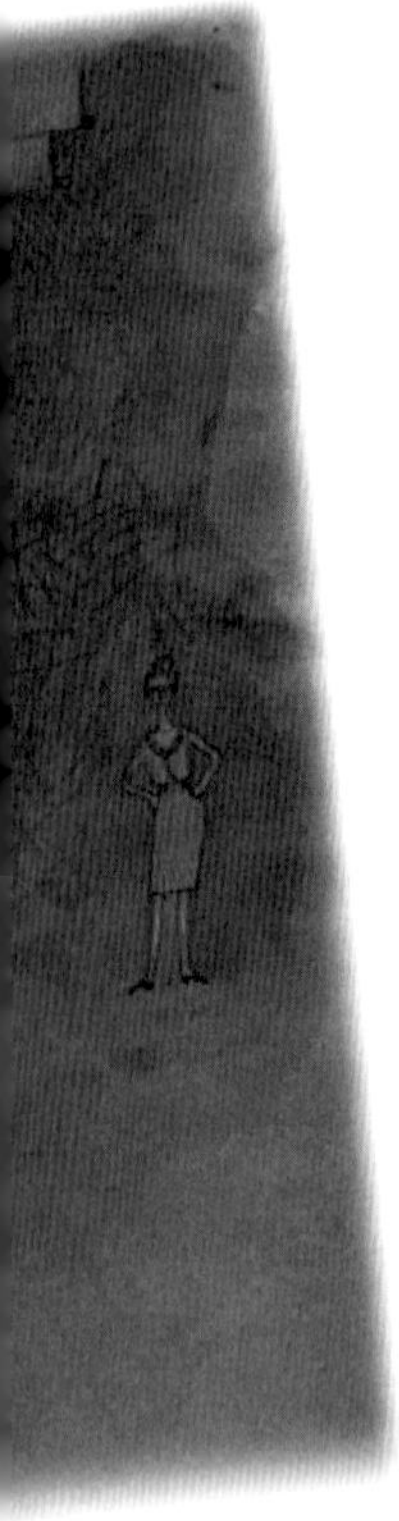

シルクスクリーンのポスター

一九七〇年代になってシルクスクリーン印刷にも写真製版が導入されるようになり、文字版を手切る職人芸は見られなくなった。割り箸の先にちょいと安全剃刀をはさんでクリクリと蝋紙を刻み、それをシルクスクリーンに張り込んで、刷りのテクニックもかなりおもしろい。点々とちりばめられた色版は新聞紙で畦のようにとり囲んで、ひょいひょいと、あちこち刷る、だから二十版刷りのように見えて、じつは五版だったりする。背景の大グラデーションは熟練の技だ、一枚刷りあがるたんびに拍手。色版が乾いたらスミ版でおさえて完成。

シルクスクリーン工房ワイズプリンティングには、ずいぶんご迷惑をかけた。作業場に泊まり込みが常識のようになっていて、職人衆に強制労働をしいてしまったのかもしれない、ぼくらにとっては、そうしたことがプライドの一つだったんだけど。

晶文社社長、中村勝哉氏

中村さんは、東京大学在学中に盟友小野二郎とバイト代わりにやっていた受験参考書づくりを社会に出てからも続けるために晶文社を興したと聞いている。

外神田の神田川辺にへばりついたような小さな社屋をはじめて訪ねたときに、東大出身でありながら、社員全員のボーナスをすべて博打で賄ったという逸話を聞かされた。じつは彼は北海道では知られた博徒の倅なのだとも聞かされた。

事実当時スカンピンの演劇青年だった津野海太郎とともに、中村さんに借金を申しいれたとき、呼びつけられたのが本郷のさる料亭、そこがまさにその現場だった。中村さんの財布のなかにぎっしり詰まった札束。覗き見した僕は背筋にゾクッとするものを感じた。

ところが、仕事場での彼はまるで違っていたのだ。はっきり言えば純情、世間知らず。僕ら若造の考えも尊重し、まっすぐ正直に対応してくる。

中村さんとは長いおつきあいになったが、その間、僕は何回も装丁（おもに描き文字）のことで衝突をくりかえした。が、彼は決して僕の三大プレッシャー（東大と博打と純情）をたてにとることはなかった。そんな社長を説得できるデザインとはいったい……。

フランクフルト・ブックフェア珍道中のことは、いつかどこかで書いたのでここではやめるが、ひとつだけ、見本市会場で本を見ながら「平野君、ドイツの本にはカバーはないんだね」と驚く中村さん。「え、ほんとですか、帰りに本屋さんに寄ってみましょうか」。ところが、フランクフルトでは日曜日は書店は完全休業。レコード屋もだめ、狙っていたヴォルフ・ビーアマンのソング集も買えずじまい。

ところが、ちょうど見本市に来ていた野村修さん（ドイツ文学者、晶文社の著者でもある）に会うことができ、ビーアマンが来ていると情報を得た。

ビーアマンは晶文社から翻訳本が出たばかりだし、新刊の詩集の宣伝にきているので紹介するという。それは憧れの出版社ズーアカンプのブースで、すかさず中村さんを引きあわせた。「私の本を出版してくれた社長が、太っていてよかった」（貧乏人にはみえない）と言い、サイン本を僕にもくれた。なにごとかグシャグシャと書き込んでいる、野村さんに翻訳をお願いしたら「ここから、本を盗んでいった男へ、ヴォルフ」。見本市では本を売ってはいけない決まりだとか。

『ワンダーランド』

「新聞みたいな」というのが当時の僕らの合言葉だった。複数の記事やイラストや写真が、いっきに目にはいってくる。そんな紙面がつくりたかった。書体はとうぜん新聞活字だ。いまじゃ想像もつかないだろうが『日刊スポーツ』の記事を手拾いで組んでいた印刷所を見つけ、そこにお願いして本文組をつくり、清刷りして、そしてオフセット用の版下をつくるのだ。

後で文字校がはいったら、さあ、大変だということになる。といった連続徹夜必死のアナログ作業も数号をもって終刊。『ワンダーランド』という誌名が他社とバッティングしていて『宝島』に変更するといったトラブルもあったりしてね。大騒ぎだった。現在の「宝島社」とはいっさい関係はございません。

『山猫の遺言』

全集、エッセイ集、詩集、長谷川四郎本に関わる僕の仕事はほとんどは晶文社からのものだが、ほかにも戯曲台本による舞台装置だってある。

敬愛する僕のおじさん四郎さんには兄弟がいた。男ばかりの四番目。四郎さんとの仕事には、いつもどこかスポーツのようなチームプレイのようなものを感じた。まさか錚々たる創作家兄弟たちと肩をならべようなんて思ってない、おなじベンチの片隅に居たいと願っただけだよ。

書名を間違えてしまうことがある。電話でタイトルを聞き、おもしろいと思ったときが一番危ない。告白するが、『山猫の遺言』の山猫は、やま猫、だったのだ。聞いた瞬間に、喜びいさんで間違え、版下を入稿する時に判明した。本文はすでに進行中、だいたい著者がつけた題名をかえることができるのか？　デザインをやり直すのがあたりまえだし、それが一番簡単なことだが、編集者の秋吉信夫さんは腕組みして、しばし考え、はい、これで行きます。そのしばしの中身はあえて聞かずじまいだったが、苦悶の表情から察するにそうとうな覚悟であったと……ごめんなさい。

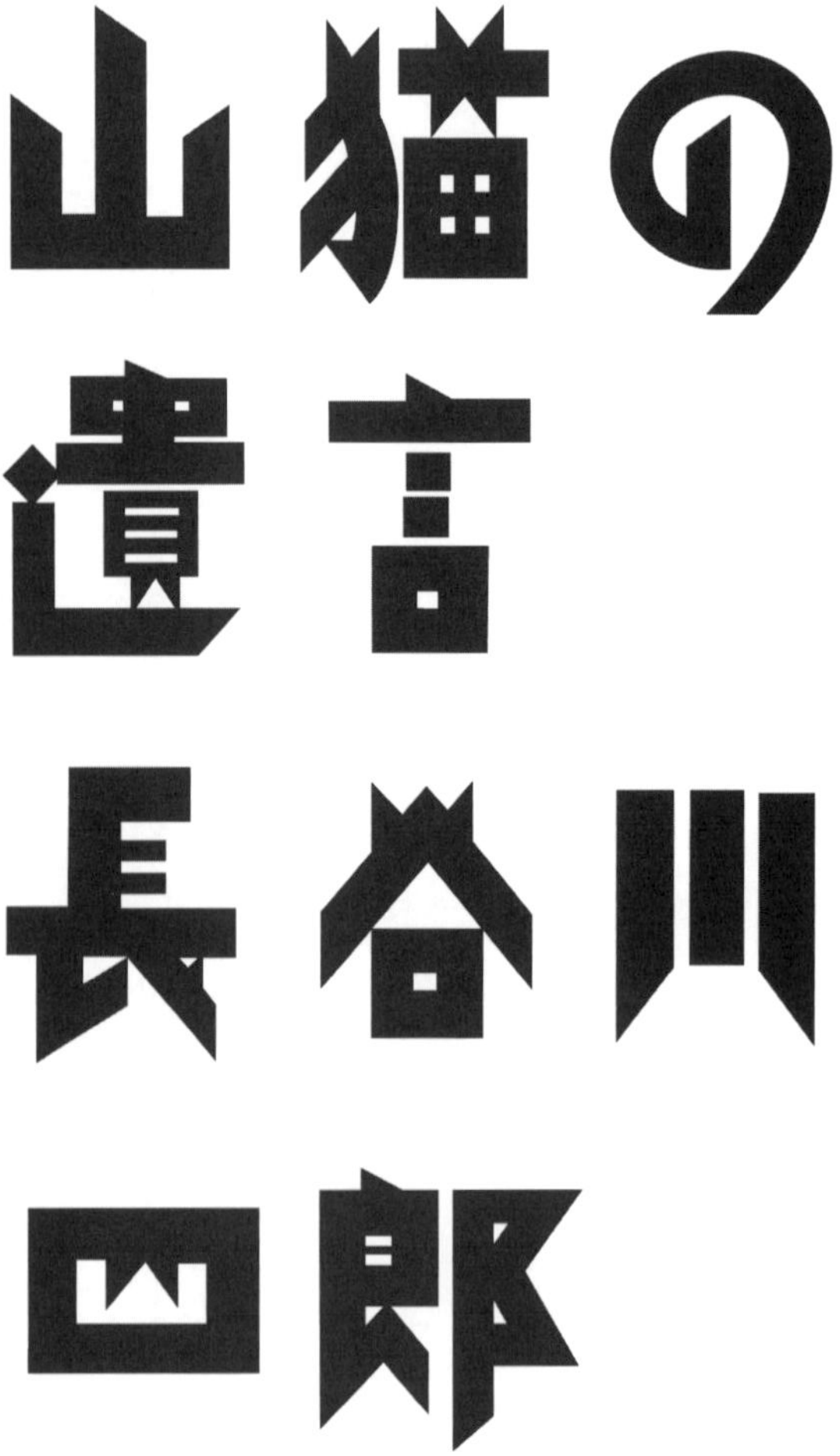

『水牛通信』

『水牛通信』（一九七八年から八七年まで毎月出していた三十二頁の小冊子、八巻美恵編集）は、はじめは『水牛新聞』というタブロイド判の新聞だったのですが、不経済だという意見が出て、小冊子にして、内容もぐっとやわらかくなりました。気軽にやるのが一番。出たとこ勝負でチャラッとつくるのが長続きのコツ。いろんな人が参加し、つくっているときは笑いが絶えなかった。「人はたがやす　水牛はたがやす　稲は音もなく育つ」これは水牛通信のスローガン。

当時は、富士通の「オアシス」というワープロでね、プリントアウトしたものを切り貼りして版下にしていました。あのころＰＣがあったらなぁと、つくづく思う。

「植草甚一スクラップ・ブック」

植草さんの本はたくさんあるが、僕がデザインしたなかで気にいっているのは、四十一冊の「スクラップ・ブック」シリーズ（晶文社）だ。多くのイラストレータや写真家が気軽に参加してくれ、肩の凝らない仕事になった。並製本にビニールカバー。ポイとカバンにほうりこんでおいても壊れない、雑学ガイド・ブックだ。

植草さんは、やつぎばやに本を出し、お金持ちになった。それ以前も大量に本を買い込み、神田の古書店ではお得意さまの一人だったそうだ。なのに今度は得体のしれない雑貨あさりが趣味になった。ニューヨークに出かけた時は大変だったらしい。同行した編集者は荷物もち専門になってしまった。それに、植草さんはものをあげるのもすきだった、コンサート会場なんかで出会うと、これ似合うと思うんですと、ものすごい柄のジャンパーを着せられたことがあった。派手ななりした、二人のじじいが並んでジャズを聞いている。僕の耳にはまったく音は聞こえてこなかった。

『本郷』

版下を見た講談社の編集者が、これ活版で刷りませんかと言った。オフセット印刷が常識のようになっていたあの頃（一九八三年）にだ。いまならそんなチャンスに恵まれようものなら、紙を吟味し、いや造本全体にもっと頭を悩ませたことだろう。で、仕上がった函の刷りは色の粒子が粉っぽくかがやいて、カリッと乾いていて気分がいい。活版印刷のいいところは、あんなにインクでべとべとに汚れた工場から、美しいものが出来上がってくるのかという、またとないギャップに驚かされるということだ。講談社出版文化賞ブックデザイン賞を頂戴した。

『カンポンのガキ大将』

『カンポンのガキ大将』（晶文社）の作者ラットはマレーシアのジャーナリスト兼マンガ家。カンポン（村）のガキがやがて都会に出て、なんと東京にまでやってきた。その行状やルポを人なつっこい筆致で描き、アジア人に日本という国はどう見えるのかを教えてくれた。友人、柳生弦一郎君に密かに影響をあたえたと僕は信じる。

さいきんは勢いのある漫画が少ないんじゃない。以前バンコクの仏教寺院で買った煩悩の火を尻尾にともしたガキたちのすさましい形相が、いま、また思いだされる。

『同志!! 僕に冷たいビールをくれ』

『同志!! 僕に冷たいビールをくれ 「天平の甍」中国ロケはみだし記』（講談社）は草野大悟の愉快な道中記。タイトルの文字は中国共産党がいつも使っていたスローガンの書体を真似て描いたものだ。ひとを小馬鹿にしたような不敵な笑みをうかべて、列車によりかかった大ちゃん。おーい、ゴールデン街で一杯やろうよ！

付記、大悟は胸を患い、しかも大酒のみで、血圧も高かったんだろう。ある芝居の稽古中に脳内出血をおこし、そのまんま逝ってしまった。頭の回転がはやく、神経が細やかで、想像力が豊かで、だから、とても寂しがりやで、こまったところもたくさんあった、つまり典型的な役者を演じきって終わった。

ついでといってては失礼だが、岸田森のことも記しておく。森ちゃんは文学座で大悟と同期生。岸田國士の甥。新劇界の御曹司。海外にまで採集に出かけた、蝶のコレクター。と、彼にはいくらでも冠をつけることができるが、やはり、役者としての岸田森をもっと長く見たかった。この二人相前後して、この世から消えた。

『父』

これが描き文字第一号のように言ってきたが、『父』（平凡社）は編集者と最初から描き文字で、との合意のうえの仕事だったからだ。いつもは時間切れで押しきる、みたいなことをやっているので、気合いがちがう。副題はあるがタイトルは「父」一文字。なるほどこりゃ描き文字にせざるを得ない。なんべんかデッサンをくりかえすうちに、否応なく「父」のことを考える。そうね、その後「兄弟」という字は描いたことがあるが「母」はいまだないんだ……。

鎌田慧の記録

一九七七年『工場と記録』(晶文社)から二〇一三年の『石をうがつ』(講談社)まで、彼はじつに大量のレポートをしてきた。鎌田さんの一環してぶれない態度には感服するばかりだ。

めったに揃って会うことはない鎌田慧、高橋悠治、津野海太郎、平野甲賀、たまには会おうぜ、と集まった……。この四人は昭和十三年寅年の生まれなのだ。一九八五年の九月に「トラたちの八・一五」という座談会をやっている。なんと三十年も前のはなし(『水牛通信』に収録)。まあ四人とも、ぶれようもない渡世をつづけているんだね。

『大きな顔』

小野二郎が急逝して、非売品の追悼文集『大きな顔』（晶文社）をつくった。タイトルは態度も顔もデカかった二郎さんのことで、頼もしい頭を失って意気消沈した僕らは元気を取りもどそうと、大きな描き文字を表紙にすることにした。しかし残念ながらいまだ未熟。てんで成ってないのだ、とくに仮名がね……。あのウィリアム・モリス研究家であった小野二郎。さぞや苦笑しただろう。

小野さんに『紅茶を受皿で』という快著がある。亡くなって何度目かの追悼会で二郎さんの兄さんが挨拶で「紅茶を灰皿で」とやった。あゝ、この兄にしてあの弟あり……。

シリーズ日常術『平野甲賀〔装丁〕術・好きな本のかたち』

いつの間にか本のデザインの専門家みたいになってしまい、晶文社でこんな本をつくることになった。じつを言えば文字で書かれたことを読むのは、そんなに好きな方ではなかった筈なのに……。「えー、内容を、ゲラはぜんぶ読むんですか、たいへんだなあ」「そう、たいへんなんです」などと云いながら編集者との雑談のなかからその本の要点やら出版社や著者の好みや意気込みなんかを聞き出して、みんなに都合のいいイメージを作りあげる。

そう、ここが肝心なところで、デザイナーの個人的意見は控えめに、自分の職分をしっかり守ることに徹すればいいのです。自分の好みや、その時点で是非やってみたいことを、封じ込めることではなく、それは形として表現すればいいことなのです。

『武装島田倉庫』

著者の椎名誠さんから出来ればクラシックな装丁にしてほしいと伝言がありました。僕はすぐに田河水泡の『のらくろ』を思い描いた、そうクロス貼りに「のらくろ」の顔がベッタと刷ってあるヤツ。その技法をまねてみた。刷りあがった校正刷りを見てこれはいけそう……。『武装島田倉庫』（新潮社）の装丁がきっかけとなり、これまでにつくってきた仕事をリトグラフで再生できるか？　と思いついたのでした。そして次には架空装丁（頼まれもしないのに勝手にデザインする）なるものを思いつき、ついに個展まで開催することになったのです。

リトグラフ架空装丁

浅草橋の望月印刷版画工房に据えられていたリトグラフの自動機は一九三八年パリ製だった。自分とおなじ誕生年のとても理解しやすい亜鉛板製版のオフセット機だ。動かせばトンボなんぞはおおいにズレそうだ。子供のころよく町で目にした、ヤレ（使えない印刷物）のような刷り物。しかしどうやら僕はこのほうが性に合ってる。思惑どおりにはならないぞといった、なにか平然たるものを感じるのだ。

架空装丁は、ずっと気になり、好きだった本を気ままに仕立てるつもりだったが、むずかしい

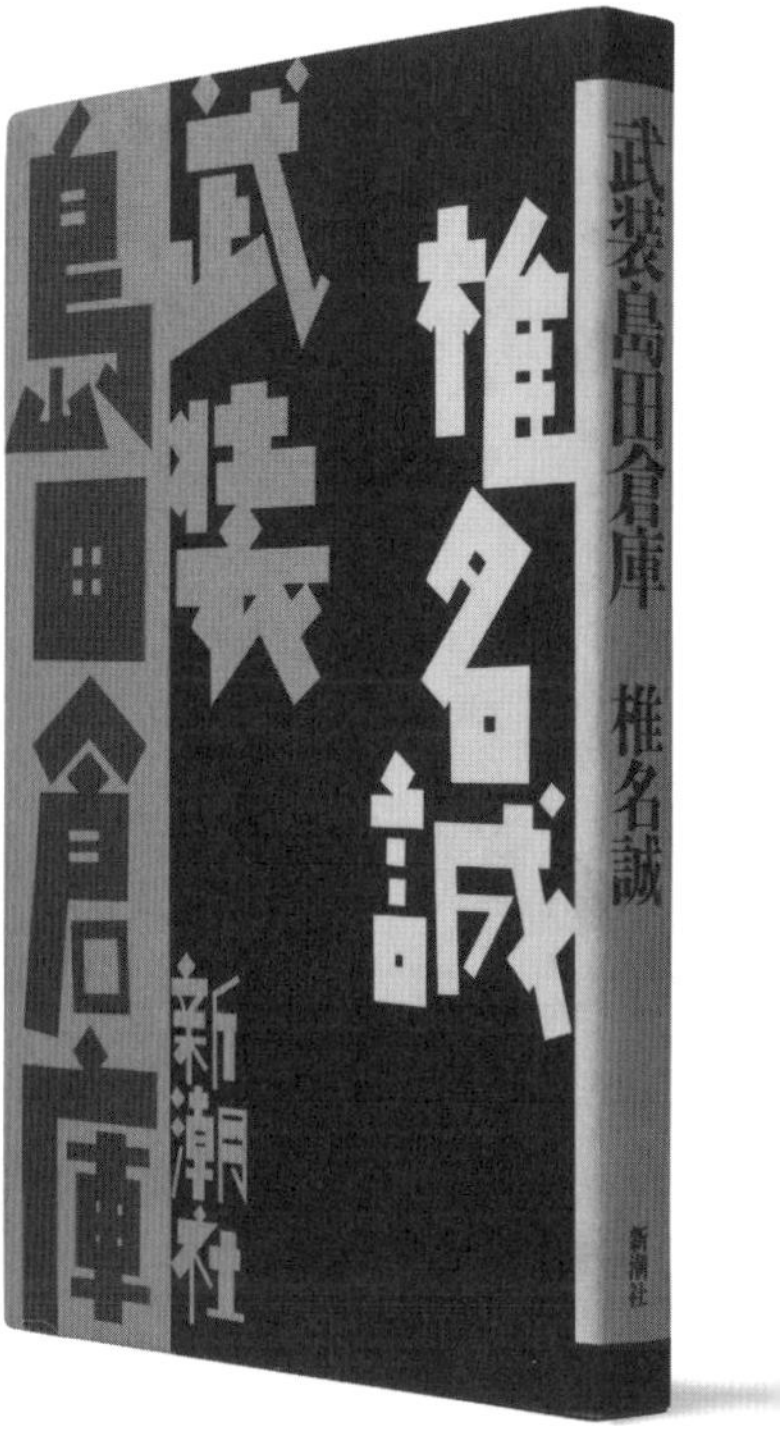

もんだ、つい厚化粧になってしまうし、手も縮む。それに後に架空装丁を見た人が「これ、本屋に買いにいったけど、なかったぞ！」の苦言にはまいった。

このリトグラフいや、僕のこれまでの仕事を見た、コレクターにして比較図像学の教授ジェイムズ・フレイザー氏は、このデザイナーは一九三〇年代の作家で、教授の研究対象だと思ったそうだ。それが目前に挨拶にでてきたので、たまげたと後で聞いた。お騒がせして申し訳ありません。

コンピュータを使いはじめる

リトグラフで装丁を再生することを思いついて、とりあえず個展を開くまでがんばった。個展を見にきてくれた友人が「平野君、こりゃコンピュータ使ったほうがいいよ」。一九九二年はそんな時期だった。コンピュータは絶対にイヤだって頑張るデザイナーもいたけどさ、今頃どうしているのかなぁ。

非常に不慣れな道具だけれど、まじめにとりくんでみるとこのマシーンとアプリケーションにはデザインの基礎から教えられることが多くておどろいた。そして表現のブレやズレとはいったいなんなのか、まじめに考えることを迫られる。

そう、ブレ、ズレ、なんてのは身体的な問題であって、まじめなコンピュータには、つくれないものだ。

『怪物がめざめる夜』

『怪物がめざめる夜』（新潮社）はマックを導入したばかりのころの仕事だ。見ためはたいしたことないが、ひとたびプレヴューを解除してみると、もの凄いことになっている。一文字、一文字にカケた手づくりグラデーションがあっち向いたりこっち向いたり、こんな面倒なことよくやったよ。今じゃもっと簡単な方法があるんだろうにと思うと、あの未熟な頃が懐かしくなる。著者は小林信彦さん、なんとなく僕らの兄貴分的存在だと思い込んでいるせいか、つい冒険的なことをしたくなってしまう。いいきっかけを与えてくれて、ありがとうございます。

この技術上のいきさつは、あるデザイン誌で、かすかに同情をまじえて取りあげられたが、誰しも一度ぐらいはそんな経験はあるだろう。

『日本語の外へ』

片岡義男さんとは『ワンダーランド』時代からのなかまだが、それ

以前から、僕はテディ片岡名義の本のファンだったのだ。以来、僕は彼はナバホインディアンとの混血児であると信じ、いまだに彼の言説にどことなく神秘的な思いをいだいている。そこで『日本語の外へ』（筑摩書房）では日本語らしからぬ文字を描こうと苦心惨憺したもんだ。

遅ればせながら、素人の僕が言うのもへんだが、片岡さんはたいへんな文章家であることに気づかされた。とくに短文の名手。どれがどうとも言えないが、そうとうこみ入った技術なんだろうと思われる。

『残光』

ある日、高橋源一郎氏は小島信夫の最後の小説『残光』（新潮社）を手にとった。彼は本という物体を、まず丁寧に点検することからはじめるというのだが……その定価、出版社名、作品名、著者名を見るにいたって不気味な感じをいだいたという、そこにある「残光」「小島信夫」といった文字とも積木ともしれぬものを見つめるうちに、ふだん文字というものには、意味しかないという思いが揺れてくる。それは、たとえば太古の時代に、誰もが感じていた気分なのかもしれない、と思いさらに、この小説を読むのに実はぴったりではないかとも思う。（『さよなら、ニッ

ポン　ニッポンの小説2』より）

　この感想にであって、僕は「えっ」と思い、すこしうれしくなった。文字を描こうとするときに、こんなことをしていいものだろうかと、今さらのように怖じ気づいているからだ。たくさんの見た形、聴いた音、読んだ文字、好きなもの嫌いなものが消化しきれずに内臓にこびりつき「文字は内臓を模倣する」と、いつか草森紳一が「書」について話してくれたことを思いだしながら……。

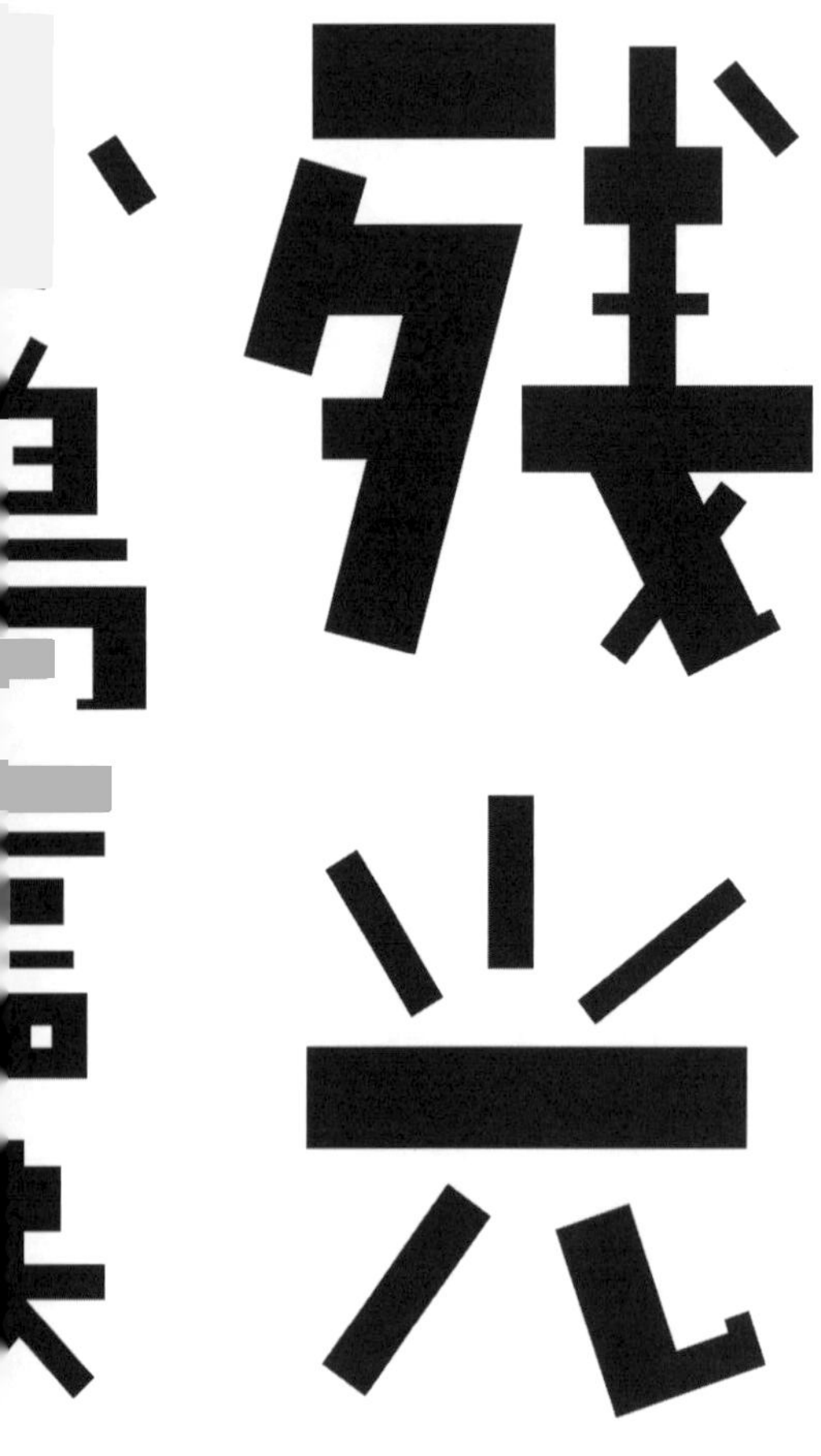

コウガグロテスク

以前、ある韓国人のデザイナーと描き文字について議論になったことがある。彼は『マダン』（広場）という雑誌をデザインしていて、僕だったら「広場」というイメージに合わせてこういう文字を描くと言ったんです。すると、韓国の人の「広場」に対するイメージはさまざま違うし、わざわざそんな文字を描く必要があるのか、スタンダードな活字体を使ったほうが正しいのではないかと彼は主張しました。

しかし、活字だからニュートラルなのか？　たとえば「戦」という字は、日本ではさんざん新聞や雑誌に現れて、みんなの手垢や唾がいっぱいついている。むしろ活字のほうが罪が重いともいえる（フーツラ書体は絶対いやだと言った高名なヨーロッパのデザイナーもいました）。ならば明朝体やゴシックよりも、新鮮な文字を描いて個人的な意見を表明したほうがいいんじゃないのって。こっちも屁理屈だけどね（笑）。

現在までに描きためてきた文字を「あいうえお……」順に整理してストックする。それが作業中のＰＣの中に蓄積される。新しいタイトル文字をつくるたびに、そのストックから必要な文字をひろいあつめて並べて眺める。それがフォント化されていれば、これは便利だ。このストック群を「コウガグロテスク」と命名した。

グロテスクとは文字の世界ではゴシックということになるが、僕のは太古の時代に刻まれた象形洞窟文字というわけだ。僕にとって文字とは意味を知るための道具ではない、その言葉のつたえる心情を理解する手だてだ。つづられた文字の連なりは、一幅の心象風景画を見るおもいだ。

イラストレータ

職業上、イラストレータに会うことはあるが、そう多くはない。面と向かって絵の内容について話し合うのはどうもね……。こちらの注文どおりに出来あがっても、かならずしも上出来とはいえないからだ。むしろ人の言うことなどいっさい聞かずに独走してくれたほうが結果は良いことがある。小島武、片山健、柳生弦一郎、など敬愛するイラストレータたちはその達人だ。

苦い思いでだが、小島武とイラスト論を闘わせたことがあった。「小島くんクジラという注文なんだから、ちゃんとクジラに見えないといけない。百科事典みたいに!」「いや平野さんイラストは気配なんだ。たとえ点一つでもオレがクジラだと言えばクジラだ!」。ただの不毛な言い合いにすぎない。

たとえば柳生さんなら「だめならたのまなきゃいい、いやならかかなきゃいいんだよ」。そして片山さんなら黙って、いままで見たこともないようなクジラの絵を見せてくれる。そうにちがいない。

僕にも好きなイラストはたくさんある。それらは作者名をあげなくても、描かれたイラスト自身が強力な存在であればいい。しいていえば、J・ラダ、前川千帆、J・チャペック、宮尾しげを、G・グロッス、武井武雄、R・ケント、八島太郎、H・バイヤー、きりなく出てくるが、この人たちの味は煮ても焼いても損なわれることはない。つまり僕の言う百科事典みたいなイラストレーション。一部を除いて版権切れ。

漫画家・松本大洋

松本大洋くんに出会ったのは黒テントのケイコ場だった。彼の書き下ろし戯曲『メザスヒカリノサキニアルモノ若しくはパラダイス』の本読み。台本を見ながら、タイトルにもある「若しくは」のようにちょっと見なれぬ漢字使いや懐かしの「パラダイス」的表現に、ちょっと驚いた。いったい何者なんだろうこの青年は……。ギクシャクしてて、あたりまえで、大人子供のような、不器用なセリフ回し。だけど、それが愛おしく、懐かしく、もの悲しい。数ヶ月後、下北沢のザ・スズナリ公演では、僕はもうすっかり大洋ファンになっていた。

あるひ小島武と

やはり、小島武について書かねばならないだろう。彼とはいっしょに仕事するようになる以前から、すでに知り合いだったような気もするが、そもそもの発端はなんだったのかすっかり忘れてしまった。

彼は桑沢（デザイン研究所）の出身で、小室等らのフォーライフ・レコードや当時台頭してきたフォークの連中とのつきあいのほうが多かったようだ。ということは僕らアングラ演劇青年とは、その派手さ、明暗において、微妙なズレが当初からあったのかもしれない。とはいえ世間一般から見れば、同じ穴の狢《むじな》。なにかと反抗的な連中に見えたであろうが……。

仕事をし、酒をのみ、話をしながら僕は小島に、見栄っぱりで、強情で、甘ったれで、どこかしら自虐的なものを感じさせられていた。表現者ならばあたりまえのことだろうが。

小島も僕も引揚者の息子だ、彼は大連、僕は京城（いまのソウル）。彼の話によれば小島家は大連でかなりなキャバレーを経営していた。そこへ侵入してきたロシア兵に父親は惨殺されたのだ、と事も無げに言う。そりゃ大変だったね、京城とは大ちがいだ。そのうえ、自分にはロシアの血が少しだけ流れているとも言う。たしかに彼は色白だった。

彼はときどき僕の仕事場に拡大コピー機をかりにきた。小島さんがくると解ると、助手嬢はパニックになる。彼は一ミリ刻みで大きさをかえ紙焼きをとる。印画紙一パックがまるごとなくなる。こんな噂もある。依頼されたイラストをB全で描き、相手が満足しないとみるや、目の前でビリビリと破ったとか、締切りを無視されたとか、もう小島さんとは付合えない、と良からぬ噂も聞こえてきた。

たしかに彼は、小心繊細でこだわりの強いひとだった。鉛筆でアタリをとったり、間違ってもホワイトを使ったりしない。寸分たがわずはじめから描きなおすという苦行を自らに課すようなところがあった。「小島武に頼もうか」というと首をよこに振る編集者もいたが、僕は迷惑をこうむったことは……。あったな。

もうかなり遅い時間だった。あっちこっち飲み歩いて、たどり着いた六本木のバー・クレードルでのことだ。先客は長髪の外国人がひとり、いい雰囲気でママ椎名たか子さんと話しこんでいる。あー、詩人のブローティガンだな、と気づいたが、ちょっと嫌な予感がして小島には告げなかった。しかし、しばらくして小島は、傍らにあったギターをとりあげ「トラベリンマン」を唄いだした。「うるさいよヤメとけ」。制止をふりきって、トラベルがこんどはツーリストに変わり、頭にきたブローティガンはギターを奪い取り、カウンターに叩きつける。そこから先は暴言の嵐。だがさすがに二人とも身体的暴力はふるわない。とへんなところに感心した。あとは瓦礫の山。

21 22 23
27 28 29
60 70 80

長新太の視線

住所メモを頼りに、渋谷神泉の長さんの家をさがした。渋谷というからには、地理的に繁華街はまさに谷底で周りを青山、神泉などの丘にかこまれた一帯なのだった。その丘の上に長さんの家があった。なんでくどくどとこんなことを書くのかというと、その家というのが、まるで子供の描く絵のお家のようだったからだ。正方形にちかい敷地にちいさな白い門があり、正面に三角形の赤い屋根、芝生の庭に樹が二、三本。左右対称の真ん中にドアがあり、来意をつげると、二階のアトリエに通された。やゝ大きめの仕事机に来客用の椅子テーブル、なんとなくガランとした部屋だった。もっとゴタゴタした画室を想像していた僕が呆気にとられていると、そこへ奥様が白い大きな皿にスイカを載せて現れた、みごとに半月形にされたスイカを二人で黙々と食べて、もう、どんな話をしたのか忘れてしまったが、たぶん雑誌『本とコンピュータ』の見開きへのイラスト依頼だったと思う。一週間後に出来上がった原稿が届いた。開いてみると、それは「本とコンペート」と題するコマ漫画だった。

ある夕方、僕は京都河原町の交差点でキョロキョロしていた、後ろからポンと背中を叩かれ振り返るとそこに長さんがいた。渋いコートに蝶タイを付けてニコニコ笑っている。「イヤー、ダンディーだな長さん、会場どこだか解んなくって」「こっち、こっち」。じつは長さんは、僕より十歳も年上、そんなことぜんぜん感じさせない友達付合いのできる人だった。今江祥智さんの出版記念パーティに出席するため、長さんも僕もはるばる京都まで来たってわけだ。長さんは今江さんとの仕事が多くなっていた。

　長さんのイラストレーションを見かけたのは、僕がまだ駆け出しの頃。初期の画風はやゝ直線的なもので、じつは、あまり関心がもてなかった。しかしその頃からは、くねくねとした線で、どんな小さな絵でも、かならずどこかに独特のユーモアを潜ませていた。

『本とコンピュータ』展というのを銀座のｇｇｇで開くことになり、全判のポスターに長さんのイラストレーションをお願いした。それは、東アジアのＰＣ事情というコンセプトだった。出来上がった絵は、お釈迦様の手のひらで如意棒を大事そうに抱えてスヤスヤ眠る、孫悟空の図だった。当時、いまだコンピュータ文化、定まらぬ、混沌としたなりゆきを、じっと見つめるお師匠さまの視線だったのだろう。

「絵本ワンダーランド」

『ワンダーランド』改め『宝島』第一巻第六号（昭和四十九年二月号）三百五十円、に綴込付録として「絵本ワンダーランド」が掲載された。大橋歩、片山健、谷岡ヤスジ、赤瀬川原平、田島征三、花輪和一、が見開き（三〇〇×五〇〇ミリ）横長に一点ずつ自分の思い描く楽園を描いた。モノクロ頁だったので、それぞれ鉛筆やペン描きの力作を提供してくれたが、当時、超売れっ子漫画家、谷岡ヤスジが渡してくれた原画は超ミニサイズ、「これを拡大して使って」。はじめはウッときたが、囲みの線はキチンと縦横比を計算していて、拡大してみるとピタリとおさまり、みごと大迫力の見開きになっている。

いま、なぜこんな古雑誌を引っぱりだしてきたのかというと、三人の天才画家、片山健、赤瀬川原平、つげ義春の描線について、書こうかと思っているからで、うち二人がこの『宝島』に登場していたのを思いだしたからだが、パラパラめくっているうちに、鈴木翁二も及川正道も他の記事に作品を提供している。絵ではないが、泉谷しげるも安田南も片岡義男も、もちろん植草甚一も書いてる。梶芽衣子や堺正章のインタヴューもあるのだ。いやはやなんとも懐かしい。

さて、三人の線のことだ。片山健は僕より二、三年後輩のムサビ出身で、早くから腕の確かさは有名だった。月並みなことを言うようだが、鉛筆をもたせれば右にでるものはいなかったと思っている。その後は腱鞘炎をおこしたりして、油彩や水彩も描くようになったが、その芯の描線は何らかわることはなかった。つい先頃も個展の案内がとどき、健在ぶりに安心した。

　そして赤瀬川原平、つげ義春は、あらためて紹介する必要はないだろうが……。

『戦後腹ぺこ時代のシャッター音　岩波写真文庫再発見』という、ずいぶん以前に出ていたシリーズ物をとりあげた、赤瀬川さんの本を古書市で買った。カバーにライカカメラとおぼしきイラストが屈託なく描かれている。これは間違いない、クレジットを確認するまでもなかった。

　彼の手になるイラストをすべて見知っているわけではないが、ちょっと苦みばしった作風を見れば「あ、またヤラレた」と思う。たとえば、ちいさなカットだったが「霊柩飛行機」には完全に参った。旅客機の胴体がクラシックな例の車と合体しているのだ。それに、これは確証なしで言うのだが、おそらくは、いくつかの文字のデザインも、全体のディレクションもしていると思う。『櫻画報』や「美学校」のロゴなど、なぜか不穏なものを感じさせる、文字のテイストは赤瀬川の味わいなのだ。

　つげ義春については、とにかく作品を見ることだ、としか言いようがないが、彼の多くの作品がわれわれに見せてくれたものは、それまでの漫画表現にはなかった、ひとのこころの奥深くにしまいこまれた遣る瀬ない思いをさりげなく描き、絵画以外のジャンルにも、その影響をひろげたのではないだろうかと思う。

この三人の線の柔らかさと、それでいて反発力のある強さは、いったい何処からくるのだろう。少年期のごく初期が太平洋戦争末期であり、平和な時間をすごして居たとは思えない。慌てふためく大人たちの立ち居ふるまいを批判的な視線で見ていたのか、いやそうでもない。それは、笑っちゃうほど、なさけなく、どうにもならないことであり、やがては自分たちも、その轍を踏んでいかねばならないという、諦めにもにた寂しさ、寛容さ、の現れだろうか。それは、愛おしく、誰も触れることのできない、身上丸《しんしょうがん》だ。

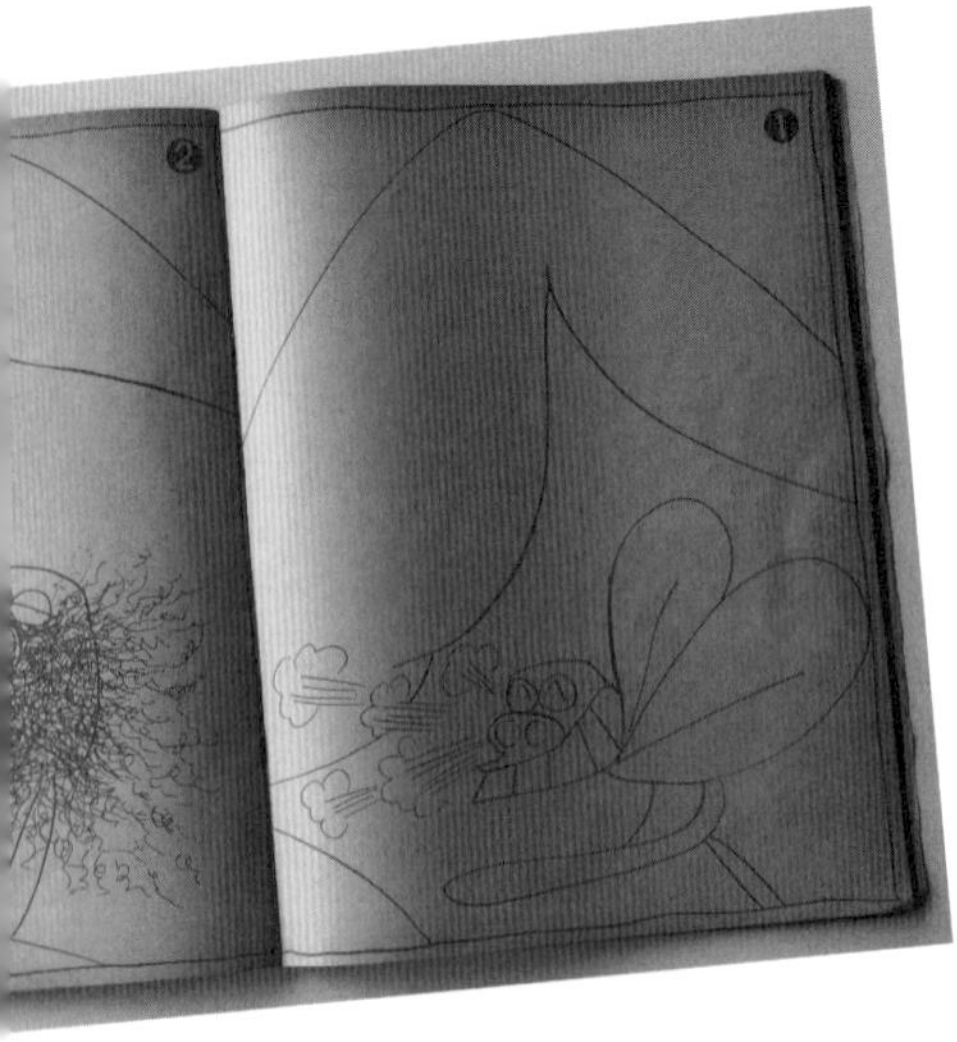

資本主義リアリズム講座・宝島

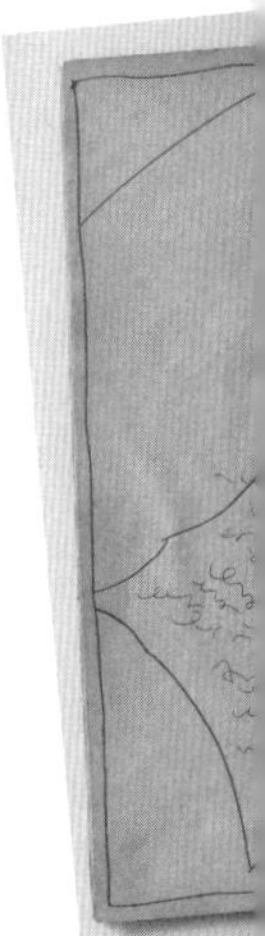

プリントゴッコ

　高橋悠治を中心とした水牛楽団のコンサートのお知らせはプリントゴッコからはじまった。お得意の家内印刷第一期だ。それが一九七七年頃からは、Ｂ４サイズのオフセット。もっと観客をふやしたい、ポスター兼用ということでこのサイズ。楽団はもともと市民集会などで演奏することが多かった。それが回をかさねるたびに、はっきりしたテーマを持ち音楽性も豊かになっていった。残念ながらここにチラシ掲載はないが『可不可』（これは長谷川四郎の造語）というオペラ上演に至り、水牛の、高橋悠治の『カフカノート』へと連なっていくことになった。

　ちなみに、イワト時代の家内印刷第二期はＰＣプリンターによる、Ａ４フル・カラー印刷。二百枚程度なら、表裏なんとかやれる。ただし画像断ちおとしは出来ないこともないが、ちょっと面倒だ。

シアターイワト

諸般の事情で稽古場を失った劇団黒テントのために捜しだした三階建ての古ビル。新宿区岩戸町にあったのでシアターイワト。一階を劇場にして、さまざまなグループが出入りし、かたわら劇場自身のプロデュースによるパフォーマンスも数知れずで、なかでも「いわと寄席」や「うたのイワト」ではいままで経験したことのない空間を味わった。しかしようやく常連客がついてきたところで、またもやビル解体という災難がふりかかってきた。

最初「いわと寄席」を立ち上げるにあたっては古今亭志ん輔師匠に話をもちかけた。ここは神楽坂、古今亭の地場、志ん朝の一番弟子志ん輔さんをおいて誰がいる……。話は早い。それじゃ劇場見にいきましょう。高座は客の目線の高さ、落語はひざ頭が見えなくちゃ。私の出囃子は越後獅子、ポケットから携帯とりだして聞かせてくれる。

「いわと寄席」は三日連続、独演会方式ときめていた。

古今亭志ん輔、林家彦いち、柳亭市馬、後日、関西の若手、桂吉坊といった豪華顔付けもきまり。それぞれの担当日には新旧の噺家や色ものさんも参加で、そのにぎやかなこと……。

ビル解体という災難後、再び、神保町に古ビル発掘、その一階をスタジオイワトと改めて再開。以後、東京をはなれ小豆島に移住することになったが、イワトは不滅である。

パソコンのなかに埋没している、ファイルをつついていたら、たぶん小冊子『イワト』に以前書いたとおもわれるものが出てきた。読むと、どのようにしてレパートリーが決まっていったのか、その一端と、イワトの空間にただよっていた表現者たちの気概がここちよくつたわってくるものでした。続きとして掲載することにしました。

シアター・イワト（神楽坂）という小劇場を運営することになった。はや四年。貸し小屋として、なんとか滑りだし、劇場がプロデュースする番組も、体力がゆるすかぎりはやりたいと思っているところだが、こちらのほうもけっこう自動的に滑りだしていくものらしい。

九月のいわと寄席の最終日、古今亭志ん輔師匠のマクラは、いきなり師走十二月二十九日の志ん輔独演会の宣伝から始まってしまった。「いわと寄席」は三月に志ん輔独演会。六月と九月が恒例の寄席で、常連の柳亭市馬・桂吉坊（プラス大阪若手芸人）・林家彦いち・古今亭志ん輔（プラス色ものさん）のそれぞれ独演会形式、と決まっている。そこで志ん輔師匠曰く、一年、春夏秋冬あるわけで、冬にないのは片手落ちじゃないか？（なんかヘン）。あわてて年末の劇場のスケジュールをだしてみる。ポツンと十二月二十九日が空いてますが、いかにも押し詰まりすぎでは？　じゃあさ、終わったら忘年会てのはどう！　師匠の頭ん中ではシャンシャンシャンと手締めの音が鳴響いている。

たしかに、噺には季節というのは欠かせないもののようだ。その二十九日の『かつぎや』『二番煎じ』『芝浜』というネタ出しを見ても、真冬に語りたい、聞いてみたい噺だ。じつは、こっちのほうが本心なのかもしれない。気の早い志ん輔師匠の思いつきに、こちらもよろこんで便乗してしまう。

　今年の九月に古希をむかえた高橋悠治氏を祝って記念コンサートをやろうよ（かく言うわたくしも今年で七十歳、いやはやこれも便乗？）と、ご本人に話をもちかけた。だったらさ、トロイメライってのをやろうか。なに、それ？　一九八四年に書かれた如月小春（二〇〇〇年に亡くなった）の戯曲を再構成して、芝居じゃないけどさ、ポータブル・シアターかな、とかってに命名までしてくれた。

　白く明るい　言いようのない痛ましさ　少年の心にひろがる空白を　いまにも切れそうな細い糸でつなぎとめて　いのちの側へとひきもどす少女の物語を……（これはチラシ用に書いてくれたもの、悠治は名コピーライターでもある）。カイ（鈴木光介）とサキ（遠藤良子）、声とギターのＡｙｕｏ、永遠の女王（楫原一之）。ことばの断片と歌。トロイメライ変奏曲。固唾をのむような四十五分間だった。

　上演最終日が悠治さんの誕生日で、終演後、かるいパーティーを準備していた。ねえ、こんどあるじゃない「うたのイワト」に出たいんだけど。え、なに？　鈴木光介と新井純の歌で岡真史の詩「ぼくは12歳」を……。この上演にあわせて『高橋悠治ソングブック』誰にでも演奏できる楽譜集が出版された。その中から。いいですね。

「うたのイワト」というのは、今度で三回目になる、一月末の四日間の連続ライブコンサートでイワトの名物になりつつある。鈴木光介君は、前回出演してくれた朝比奈尚行の「時々自動」のメンバー（二〇〇九年の「時々自動」の公演・於イワトにも出演）。というわけで一月二十九日高橋悠治・三十日キセル・三十一日Ａｙｕｏ・二月一日二階堂和美に決まった。Ａｙｕｏは『トロイメライ』にも出演していたし、劇場の二階の「ひょうげん塾」でギターのレッスンも受持ってもらう。キセルと二階堂和美はたぶん、イワト百三十席ではすぐに完売になってしまうだろう。とくに二階堂さんは年始から全国アッチコッチ・ライブツアーを敢行、その最終日をイワトにしようと思っているようだ。芸人たるものはそうやって自身をかきたてる。なんとも素晴らしいことだ。

なにかエッセイを書けと仰せつかったのに、つい劇場の宣伝広告になってしまった。劇場が神楽坂にあることや、開演中に蚊がでたりカナブンが飛びまわったり、楽屋の室内にツタが這い出たとか、いかにぼろビルであるとか、おかしな話はたくさんあるけど、なんといっても劇場は演者と観客と音と空気のつくりだす世界。ここには、むき出しの見る欲、聞く欲がある。是非いちど足をはこんで、体感していただきたいと思うのです。（が、いまはもう十階だてのマンションになっているようで、強者どもが夢のあとです）

可不可

カフカ

夜G時間

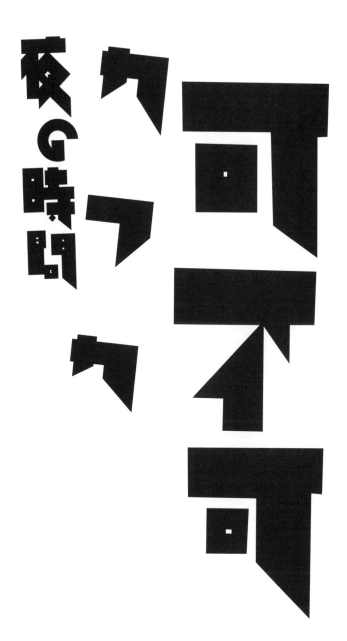

Sei
personaggi
in cerca
d'autore

武井武雄の図

別冊太陽『武井武雄の本』（平凡社）を買った。

ぼくは長い間、装丁家という仕事で幾冊もの本にかかわってきた。しかしこれがぼくのデザインだと胸を張って言切れるようなものは数少ない。版下をつくり、校正刷りを見て、あゝ、もう時間切れかとあきらめることがしばしばあった。そんなとき、これまでに見てきたあまたの本の顔を思いうかべながら、こんな難しいテーマに先輩たちはどうやって対峙してきたのだろうか？　しばし呆然とする。もちろん生きてきた時代や風土、社会状況はそれぞれ違っていることはわかっている。だがどんな状況にあっても自己を失うことのない頑固な表現者たちがいたのもたしかなんだ。村山知義、恩地孝四郎、武井武雄、岸田劉生、宮尾しげを、佐野繁次郎、河野鷹思、と次々と名前はあがってくるのだが、さて、そこで武井武雄だ。

ひょんなことから引越しをすることになり、その荷物の中から、娘さんの武井三春さんからいただいたお手紙がでてきた。どんないきさつだったか、くわしいことは忘れてしまったが、武井武雄について、ぼくがなにか取材を受けたことについての返礼であった。そして、父がつくった本、つまり「刊本」をさしあげましょうとある。あ、そうなんです。全百三十九冊の「刊本」シリーズのうち第九〇番『現代の神々』、第一〇〇番『雄鶏ルコック』たしかに頂いておりました。蔵書の山のなかからちゃんとでてきましたよ。

じつは、武井武雄の描くイラストレーションは、少年期のぼくにはやゝ呑み込みにくいものだった。というより戦中戦後のあわただしいぼくらの生活のなかには、メルヘンのはいりこむ余裕はなかったと言えるのかもしれない。遅ればせながら、ぼくが彼の世界に興味をもったのは、恩地孝四郎が編纂していた『書窓』から出版された「製本之輯」号の武井武雄の図解を見、衝撃をうけてからだった。それは単なる図解ではなく、じつに作者の造本にたいする愛情と喜びに満ちあふれたものだったのだ。その後に出た『戦中・戦後気侭画帳』をへて、さらに遡り初期の（このへんの時間的な順番は正しいかどうかはあやしいが）『おもちゃ箱』『ペスト博士の夢』『ラムラム王』などに見られる繊細かつ不思議に艶っぽい描線を見るにいたって、いまやもうすっかり魅了されてしまっていることに気がついた。

ぼくにはやゝ呑み込みにくい、と言ったが、少年期のぼくの好みは、伊藤彦造や山川惣治たちの描くチャンバラや冒険物語、つまり『少年倶楽部』の世界にハマリ込んでいたということだ。戦中戦後の狭間に京城（いまのソウル）で小学校に入学。と同時に引揚者となり、転々、東京大田区の赤松小学校のギリギリ三学期に再入学。なにが何やらわからぬうちに、あの一年間はあっという間に過ぎ去った。ようやく家庭のなかもそれなりに落ち着き、兄姉たちの本や雑誌をぬすみ見するチャンスも増えてきた。高畠華宵や武井武雄、中原淳一などのちょっと大人っぽい世界から、やがて佐野繁次郎や花森安治へと背伸びすることになっていくわけだ。

武井武雄や高畠華宵は、ヴィアズリーの影響を強く受けたと言われている。それは図版を見ればわかることだ。たしかに高畠華宵の描く美少年美少女たちは、これ日本人なの？　と言いたくなるほどバタ臭い。それがきわめて和風な日常の風景のなかに登場するわけだから、こりゃ憧れをとおりこして、ちょっと倒錯の世界だ。とはいえ、われわれの実生活では、それはすでにロマンチックで高級な風俗と、もてはやされるわけだが、彼らの心情のなかにも、すこしは屈折があったのではないか。大正・昭和のモダニズムとはどんな風合いのものだったのだろう？

武井武雄の線もたしかに艶っぽいが、ぼくにはそう単純な話ではないように思える。そこには冷徹さと腕の確かさが見てとれる。『おもちゃ箱』のなかのおもちゃを見れば、その形はまさしく未来派だし、『日本郷土菓子図譜』や『いろはかるた』の線は大和絵風、そして一冊ずつ表現の手法が異なる。しかもその制作仕様指示書そのものまでもがまるで作品のようだ。綿密で頑固なまでに的確な指示は作者自身のつくることの喜びと欲望と好奇心にあふれている。ひとは多種多様であることに驚嘆するが、たとえどんな手法をとろうとも、そこに表現されているのは終始一貫して武井武雄の「趣味の思想」なのだ。

作者は、時として頑迷になる。止むに止まれぬ好みをおさえることはできない。そんなさざれ石の如き思いがやがて巌となりて苔のむすまで。

いまなぜ、武井武雄のことを書いているのか、別に他意はない。平凡社の『こころ』編集部から「一〇〇人が綴る『私の思い出の一冊』」原稿依頼があったからだ。しかし、偶然とはおかしなもんだ、製本などに関する古い言い回しが知りたくて「製本之輯」を見ようとしていた。いつものことだが、つい、イラストや描き文字のほうに気をとられ見入ってしまう。いったいどうすれば、こんな形と線がでてくるのだろうか。ひとには癖というものがある、持って生まれたデッサン力というものがあるのだろうか。いままでにも思わずハッとするような書や絵にでくわすことがたびたびあった。なにげない手紙や書付、「このカッコウのいい文字はどうやって書くんですか」。やにわに、先輩は筆に墨をふくませて、左手に持ち替えて、ぎこちない動きで書き出した、紙面には例のよろけたような文字が出現した。「中国には左利きで書くという書法があってさ、きみ、なにごとも努力だよ、遣り過ぎると下品になるがね」。そうですか。

もちろん武井先生は、サウスポーじゃないだろう。そのうえ描くことがこよなく好きなんだ、頭ではなく、手で考える。そして自在に手は動いていくのだ。

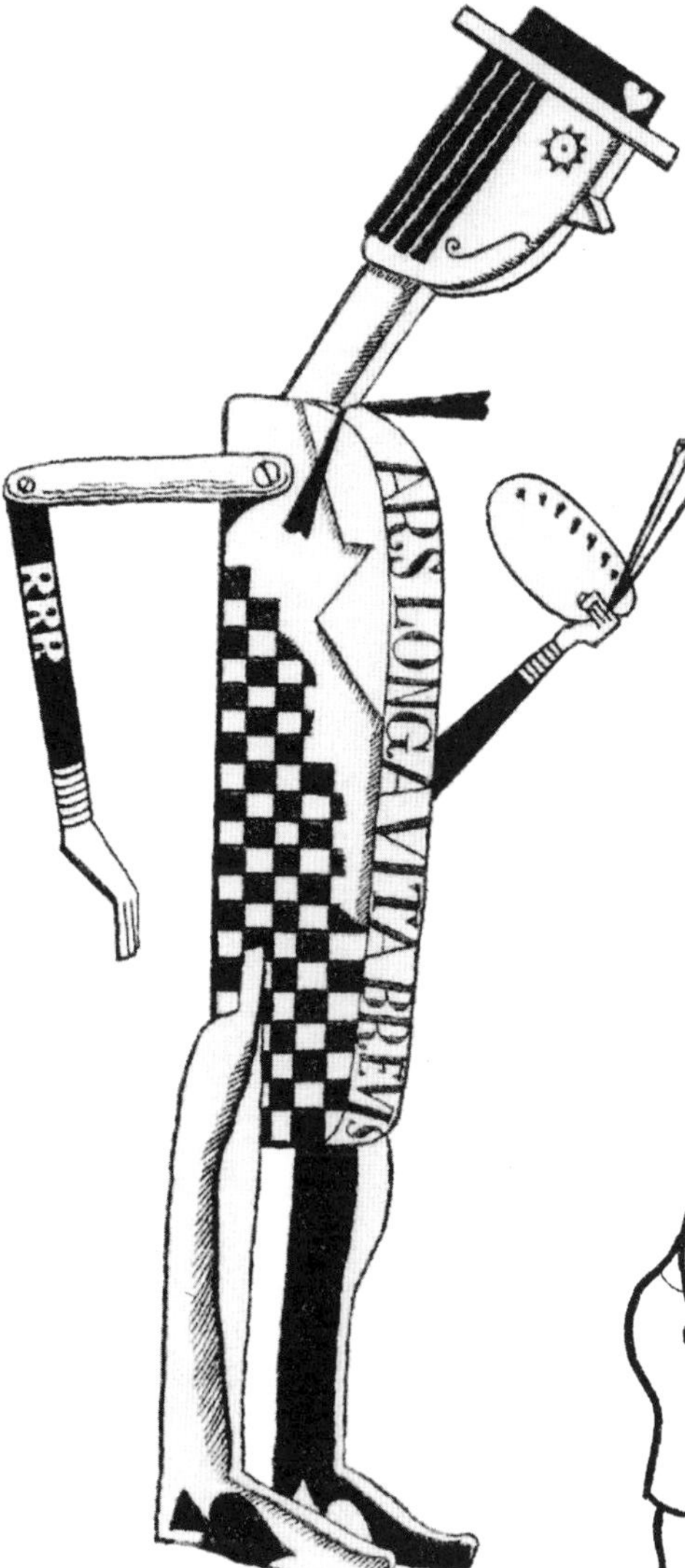
RRR
ARS LONGA VITA BREVIS

締め
本積みしたものを膝の辺までの高さに重ね 上下に板あり 紐で締めて ひと晩おく これを「落ち着かせる」といふ

鶴見俊輔先生

鶴見先生にはじめてお目にかかったのは、御茶ノ水の「山の上ホテル」。たしかピンストライプの背広上下をビシッと着こなして「ちょっと体調がよくない」などと、おっしゃりながら、にこにこ笑い、朝の四時までミステリを、つい読んでしまってね……とエレベータに消えた。先生について予備知識のなかった僕は、あー、淀川長治みたいなひとだなと思った。

その後だったか。おぼえていないが、友人から勧められて『アメリカ哲学』という文庫本を買った。アメリカに、とうぜん興味はないわけがないが、哲学はね……。数頁読んだだけで、ほうりだしてしまった。告白するが、申し訳ないと思いつつ、先生の著書を一頁目から最終頁まで読み通したことがないのだ。必要あってとか、ここ面白いよとか、なるほどそうか、とか、そうした読み方はたくさんしているが……。そんなことで、先生の著書の装丁をしていいのか、と叱られそうだが、これが僕の間違いだらけの装丁術なんだ。つまり、一振りのデザインで決定打を放つより、こつこつとヒットを積みかさねる試合運び。

本や雑誌、出版にかかわる仕事をするようになって、編集者や作家たちと会う機会が多くなるにしたがって、会話のなかに「鶴見さん」の名前を頻繁にきくようになった。僕が出る会合は、そんなに難しい場面ではないはずなのに、お顔を拝することもあった。

京都の出版社SUREに呼ばれて「ブックデザイン」についてトークショー、黒川創さんと対話形式で楽しくやりましょうということだった。その会場にはすでに数名のひとびとが着席していた。用意してきたスライドを見ながら喋って……、どうも、口ごもりがちになる。それもそのはず、目の前に、鶴見先生と作家の山田稔さんが並んで座っているのだ。

鶴見さんは漫画ファンだと聞いていた。以前、雑誌『思想の科学』の表紙デザインを手伝っていたとき、宮尾しげをや田河水泡や内外の古手の漫画家たちの、すでに古典的作品を一部拝借して使用したことがあった。昭和初期の日本の漫画家前川千帆の画風がチェコの画家ヨーゼフ・ラダやグロッスなどと、とてもよく似ているという話になり、時代も地理もかけ離れているのに相互影響なんてことがあるのでしょうか？　鶴見さん曰く「ある、ある……」。むろん、表現主義やキュウビスムなどは世界的な流行もの、漫画の恰好の材料でもあるわけだ。現代の漫画事情を見てごらん、日本でのはやりはヨーロッパの若者たちも敏感に反応しているではないか。

ある日、中川六平が――、彼のことはちょっと説明がいる、くわしい事情はよく知らないが、鶴見さんとは岩国基地闘争時代からの知り合いだったようで、彼の話のなかにも鶴見さんの名がよく出てきた。後に、彼は晶文社の編集者になったが、惜しくも二年ほど前に亡くなった――。

なにを思ったのか、「鶴見先生と話をしませんか」と持ちかけてきた。「いったい、なにを」「まあ、ともかく」。博学多識の鶴見俊輔とは勝負にならない、と思ったが、お二人に会いたい気持ちもあって、鶴見さんが定宿にしている古い旅館にうかがった。案の定、僕が以前晶文社からだした『平野甲賀〔装丁〕術・好きな本のかたち』を付箋だらけにして、鶴見さんは待っていた。質問するのは、こっちだろうと思っていたが、降るような質問の矢にたちまち降参……。そうなのか、対談本はこのようにしてつくられるのか。それにしても相手が悪すぎる、イヤ強すぎる。不意打ちをくらって意気消沈した僕を慰めようと、皆んなで須田町の蕎麦屋「まつや」へ、そこでは、妙に話は盛り上がり、愉快な時間を過ごしたが、この対談は本にはなりませんでした。ごめん、六平。

津野海太郎様

お便りありがとう。

きょうは二月二十三日（日曜日）だいたいの引越し荷物のダンボール箱を開け、部屋のレイアウトも決まって、コンピュータも無事つなぎ終わり、さて、始動開始、無事初日を迎えられることになりました。しかし芝居の初日というものは、とかく興奮状態の空元気です。さてどう展開することでしょう。

小豆島は温暖な気候というのは思い込みで、朝晩の寒霞渓下ろしにはちょっと閉口。地元民はもう二、三日もすれば暖かくなりますよ、というけれど、さすがに古民家暮らしの隙間風につい里心が……。これから晩ご飯です。ではまた報告します。　甲賀

小豆島の移住者ということになり、もうすぐ三ヶ月。まわりからはまだ疑わしげな視線をかんじつつ過ごしています。瀬戸内国際芸術祭なんぞで客馴れしている島民は「どうせ、いずれは……」といったところでしょう。ならば、それもよし、ふわりと浮いた状態はさんざん経験してきたことだ。どこに暮らしても同じこと。だったら実をとる。

借家の庭に隣接した畠に収穫しのこされた白菜、大根、ワケギなど。これ採っていいのかな、大根なんぞは太々と肥え、白菜も数枚はがせば瑞々しい肌。チョット固いんじゃないの、と心配しながら口にいれてみて、ビックリ！　手を口にあてて大声で「ウマイ」。まことにあっさりと認識をあらためる。なんでも穫っていいよ。「こんなん食べる」と近所のタバコ屋のおばあちゃんがキンカンをドサッとくれた。「鳥に食べられちゃうから」。タバコよりこっちのほうがうんと高くつくだろうが、これはおすそ分け。小豆島は「オリーブだ」というけれど、ほんとは柑橘類のほうがずっと合ってるんだと島の若者が言っていたが、そうらしい、周りの畠を見わたせばミカンの木がかならず数本はある。しかも収穫しないからボタリボタリと実を地面に落としている。地元ではこれをホカすという。

ホカすと言えばいろんなものがホカされる。整然と植えられた葱がぐったりと倒れていた、害獣にでも荒らされたのかと思いきや、そうではなくて根っこ（実）が充実すると、こうして出来を知らせるのだという。まことに植物の神秘というべきだが、たぶん、このままホカしてくれていいといった覚悟の姿なのだ。

小豆島では町で補助金をだし、空き家を改修し、移住者を住まわせ人口減少をくいとめようとしている。僕の家もそうして借りた住居のひとつだが、ご近所にも数軒そうした家が点在している、散歩がてらにそれらしい家を見にゆく癖がついた。だが、なかにはどうにも修繕できそうにない家も多い。といって都会とちがって慌ただしく更地にもどされる（これはたいへんお金のかかること）といった気配はまるでない。止むをえないことかもしれないが家もきっとホカされるのだろうネ。　甲賀

いつからこんな風になったのか。思えば、とうに三、四十年は経つわけで、もはや家風といえるかも……。はや昼の食卓をかこんで、出てくる会話は性こりもなく、次なる企画会議だ。きのう古今亭志ん輔の『真景累ヶ淵』「その六」が終わったばかりなのに、観客の評定やら打上げの様子にまじって、はやくも「その七」の趣向について……。じつは、今回、私は島で留守番役。東京での仕事はカミサンにお任せして、しばし休養。

これは、まだオフレコなんだけど来年の初夏に若者向きのコンサートを一つ計画している。またまた好き勝手にやればと、お思いだろうが、その会場というのがちょっと面白いところなので報告する。小豆島の観光名所のひとつ肥土山《ひとやま》棚田にある肥土山農村歌舞伎舞台。間口九間あまり、どっしりと茅葺き屋根の築三百年の構えだ。毎年五月の田植えの時期になると近隣の町民による奉納素人歌舞伎がおこなわれる。この日には絶対雨は降らないんだそうで、その日もピーカン。観客席は野外劇場風のゆるやかなひな壇になっていて、そこにひろげられたレジャーシートの上では、さっそく、これまた名物の割子弁当のやりとり。下手には仮設の花道、上手には車椅子用

特別席。周りはこんもりと木々にかこまれて、義太夫は電気屋の誰それ、お囃子はどこぞの先生とアナウンス。ウグイスも盛んに鳴いて、そののどかなこと。

東京の神楽坂イワトでの経験もあってか、大きな空間を見ると、つい思いつくコンサート計画、軽口もいい加減にしないとなにかとはた迷惑なことだけど、めげずに受けとめてくれる島の若者たちが（たいていは移住者組なんだけど）いる。大塚一歩くんが実行委員長になってくれて計画がうごきだした。こうしたことは、まず地区の自治会を口説き、けっして行政のトップダウンに頼らないこと、これが肝要。なるほどね。二〇一五年五月九日、総タイトルは「風が吹いてきたよ」――これは参加決定の「ピクニックバンド時々自動」朝比奈尚行の歌の題名から拝借。他に「Double Famous」「二階堂和美」などを予定しているという次第。

いま急に思いだした、「お前、そのうちに、にっちもさっちも行かなくなるぞ」とご心配というか、ご忠告をいただいたことをね。だが、これが家風などとうそぶいたからには、今後に控える由無し事にも、真面目につき合っていく覚悟のことは何れまた。　甲賀

六月二十八日は私の誕生日だった、まさか海ちゃんから第一報がくるなんて思いもしなかった。こともあろうにあの斎藤晴彦の訃報がね。どこから探り出したのか、こんな爺の七十六回目のその日に……。なんとも忘れがたき日になってくれた。島の若いもんが十人あまり酒や魚を持ち込

んで祝ってくれるという。ところが言い出しっぺの一歩くんは実家の母親の具合がおかしくなってしまい欠席せざるをえないと言う。ちょっと重たい気分になったが、そういうこともあるよ、この歳になればさ、祝ってくれなんぞと誰にも頼んじゃいねェや。無理矢理やけっぱちな気分にさせられるなんてさ。その夜海ちゃんからの二度目の電話にはなにを喋ったのかまるで憶えていない。ごめん。　甲賀

サイトウの死にさいして慌てたツブヤキ

斎藤晴彦とのつきあいはかなり長くなっていた。はじまりは一九六六年、千駄ヶ谷の千日谷会堂で「発見の会」の舞台上で斜めに立って、突っ張って両の指をパッと開いて、目をむいて何やら叫んでいるサイトウを目撃した。それがはじまりだ。その晴さんが、こんどは箱のなかにおさまって、同じ千日谷で葬儀をやる、一巡りだなんて冗談じゃないよ。

小豆島に移住することにきめたと、とりあえず晴さんに話しておかねばならぬと思った。最近、晴さんお気に入りの小さな中華料理店でそのことを告げ、これから俺たちいったいなにが出来る

の――こんどはさ「冬の旅」じゃなくて四国、九州「夏の旅」てのはどう、全員アロハでシューベルト。悠治さん、きっと似合うと思うよ。するってエとアンコールは「憧れのハワイ航路」で……。いつもこんなバカっ話でつぎの出し物をなんとなく煮詰めて、冗談を真面目に、しかし音程はけっしてはずさないのが晴さんの信条だが、歌唱力たよりのミニコンサートもほどほどにこんどはもうちょっと時間のかかるヤツが見たいネ。『メザスヒカリノ……』菊さん、『窓ぎわのセロ弾き……』のゴーシュ君とか……あきれたり、怒ったり、仰天したり、ショゲたり、サイトウおきまりの顔面演技がスライドショウのように眼前をとおりすぎていく、これはワンパターンに非ずして饒舌な記号論だった。

やれ、演劇やコンサート、寄席、展示などとつぎつぎと仕掛け、ポスターやチラシをつくり、舞台装置や照明、衣装にまで口を出し、出演者や演出家たちの個人的な主張や趣味とのズレを見いだし、再確認する。ズレこそは全体を構成するための大切な部分であって、これを意識する。そこでさらにズレを際立たせ、曖昧ならざる妥協点を見いだす。それは、その対立そのものを表現の手法とすることでもある、ということだ。たとえばグラフィック・ツールとしての文字が舞台上に登場するブロードウェイミュージカルのさまざまなネオンきらめく路上シーンを想像してみればいい。ことばはあのいつも端正な明朝体とはかぎらないよ、太くても細くても、グロテスクでもいいのだ。

いきなりだけど、ここで、つい先頃亡くなった畏友斎藤晴彦のモダンジャズについての考察を、本人にことわりもなく引用させてもらう。

「身辺雑音記」斎藤晴彦

内も外もそこらじゅう音楽が流れている。そんな時、ふと、以前、坂田明さんが、俺の住んでいる市の商店街のスピーカーからアルバート・アイラーが流れていたのには驚いたねぇという話をしていたことを思い出した。商店街だからアルバート・アイラーを流すなとはいわないけど、小雨降る淋しい夕方の商店街のアルバート・アイラーはホラーものだよ、とおっしゃっていた。ところで、時々行く近くのホテルの中華料理店では、いつの頃からかスタンダード・ジャズが流れるようになった。客の年齢が高いから、懐かしのオール・オブ・ミーなんかがいいと思ってるのかね。

常にモダンジャズが流れている喫茶店はちょっと変わっている。朝方なんかは客がいないからのんびり新聞読めていい所なんだけど、いつ行っても同じ曲が流れているのには困ってしまう。そんなにCDやカセットテープがなくてもいいけど、こう何度も同じCDばかりだと、落ち着いて新聞を読んでいられない。あ、また同じだと思ってしまって気が散ってしょうがないのだ。でもまた行ってしまうのはこの時間は他に客がいないから。

寿司屋でもモダンジャズが流れているのだ。ホレス・シルヴァーのソング・フォー・マイ・ファーザーなんかが耳に入ってきてしまって、穴子の握りやガリつまんだりしている指が拍子をとっちゃったりしてるもんだから、いつまでも口の中に放り込めない。

また、時に行くジャズバーでのことだが、せっかくのチコ・ハミルトンのブルー・サンズのスリリングなドラムとフルートが店の自慢のオーディオセットから流れているのに、お客たちの喚くがごとき話し声で、その音たちが完全にかき消されてしまっている現場にいなければならない不運をどうすればいいのだろう。ジャズバーなどのオーディオセットから流れる音量はだいたい大きいわけで、そんな中で話をするにはそれ以上の声の大きさが要求されるわけで、それも数人のグループでやられると、その現場は大きい音量と大声とでただただやかましいだけの野蛮な場所になり果ててしまい、こんな時に来た自分が間違っているんだと思う以外に手はないのだ。クリフォードもドナルド・バードもあったもんじゃない。初めから聴く耳を持っていないのである。ますます喚き散らし盛り上がってしまっている。仕方なく外へ出る。外へ出れば出たでまた音たちが充満している。駅前でギターかき鳴らし怒鳴るように歌っている若者たちがそこここにいる。たがいの声が聞こえるくらい近くでガンガン怒鳴り合っても気にしている感じではないのだ。不思議と言えば不思議だ。そんな歌たちを何人かが立ち止まって聴いているのだ！

こんな時、つくづく静かな古いジャズを聴きたくなる。だから、これもたまに行くジャズスポットに行こうと思い、中地下の石段を降りて行くと、中からはとてつもない音量がドア越しに聞こえてくるという寸法だ。静かなジャズどころじゃない。単なる騒音だ。スゴスゴ階段を戻るしかない。昭和三十年代の新宿のジャズ喫茶が恋しくなる。

結局帰ってレコードを聴くハメになる。こういうふうになりたくなくて街をうろついていたのに、我が家の古くて音質の悪い電蓄でエリック・ドルフィーなんかを聴いていると、自分がますます老いていく現実はもう止まらないのだ。老けゆく秋の夜である。（二〇一〇年七月『イワト』掲載）

ただいま漂流中

二〇一二年十二月一日（土）「高橋悠治50人のためのコンサート5」。いままでに四回やってきたわけだが今回のを見てというか聴いて、このシリーズの意味を、なんとなく理解したように思えた。

十七世紀のクープランクラヴサン組曲にはじまって、藤井貞和の短歌朗読による「あけがたの」。全十首の一首ごとに作曲されたピアノ演奏、藤井さんの素朴な朗読に鋭いピアノの音の対比はおもしろかった。

そのあとが、やはり十七世紀のフローベルガー（はじめて聴いた）のピアノ曲（鍵盤楽器におきかえたもの）解説付き。曲にはなにやら物騒な題名がいちいちついていて、悠治さんの例によってそっけない解説があって演奏がある。これがピッタリきまっていて、演奏中に笑いがおこった。演奏後に「面白かったよ、作曲者の苦心もこれでむくわれる」と言ったら「そう。でも解説がなかったら、これはただの宮廷音楽というわけだ」とあいかわらずニベもない。

オドラデク

高橋悠治のことを、ひとこと書いてみようとおもい、やはり止めておこうと、何回もなげだしてきた。彼という存在を知ったのは二十歳の頃だった。と以前どこかで喋ったが、その後十数年ほどはまったく無縁だった。前衛的な現代音楽の雑誌などでその雄名を見かけることはあっても、まさか協同作業の現場で出会うことになるなんて思いもよらぬことだった。

『水牛通信』。水牛？　これはいったい何、悠治と水牛。

晶文社から『たたかう音楽』（一九七八年）という本が出版され、そして通信。津野海太郎、鎌田慧、八巻美恵らがメンバーで始まった軽印刷の運動誌。そしてほとんど同時に「水牛楽団」結成。タイ・バンコックへ演奏旅行。カラワン楽団との交流。その後、水牛企画のかずかずのコンサート。

『水牛通信』が百号になったところで、そろそろ個人の活動にもどることにしようかと、なんとなく流れ解散のような……。しかし、解散といわれてもな……。悠治さんにとってはどうだったのかは解らないが、ぼくにとって、この活動はたいへん実り多い時間だったのだと思う。さらにそれがイワトという小劇場空間での協同作業につながり、現在のぼくのデザイン作法にも、決定的影響をおよぼすことになっているわけだ。

二〇一一年三月十一日午後二時四十六分。三陸沖で大地震発生、大津波、原発崩壊。ちょうどその時、あの斎藤晴彦と電話で話をしていた。「おッ、地震ですね、じゃあね……」。だんだん揺れがひどくなってきて庭に出た。隣の寺の屋根瓦がパラパラと落ち室内では食器が壊れる音、公子さんは不在、たしか浅草方面へ行ったはず。飛び出した本や崩れた雑誌の山をザッと片付け、箒片手に割れた食器類をはき集め、なんとなくすべてがワザトラシイように思えた。

外へ出てみると携帯電話を耳にあてた連中が「つながりませんね」とウロウロしている。なんかヤバイことになってきたゾ。どこかで見た前衛映画のワンシーンのよう。

部屋にもどり片付け続行、しばらくしてやゝ青ざめ顔の公子さんが、勝海舟が愛したという壺屋の最中を手土産に戻ってきた、湯島でこれ買った直後にグラッときたのよ、そこから地下鉄に乗ろうとしたらさ、動いてない。つまり全行程徒歩で帰ってきたってわけだ。

神楽坂のシアターイワトはわが家から五分ほど離れた、大久保通りに面した三階建ての古ビルだが、この震度五強にも、とりあえず耐えぬくことができた。間もなく「時々自動」のパフォーマンスが初日を迎える。都内の多くの劇場が公演中止を決めるなか「時々自動」は断固ヤルという、劇中に、主力メンバーが棺桶で登場するという、ちょっと不都合なシーンがあるにはあるが……。

そして、さらに数日後に高橋悠治の構成・台本・作曲による公演『カフカノート』。すっかり取り払われた、ガランとした仄暗い空間に、向かい合った階段状客席、中央にピアノと白い梯子、ベッド、テーブル、天井から得体の知れぬオブジェ。オンボロだけどなぜか静謐な緊張感がただよう空間。そんな舞台稽古の折にも余震が……。この準備の数日間、ぼくは緊急地震速報に怯えながら、この星形のオブジェづくりにとりつかれていた、ボロ糸をひきずった、このわけの解らぬ物体にすがりつくように……。そして、かさこそという笑い声に耳をそばだてながら。

『見立て狂い』

草森紳一の『見立て狂い』(一九八二年、フィルムアート社)のことを考えてみる。この本は、デザインする行為の本質を言い当てた名著だと思う。見立てることで、見立てられたものの本性を見事に、痛烈に暴露し、評定し、納得の手がかりとする。そしてさらに、その本質を高めようとさえする。そんなシャイな江戸人(日本人)が物事に対処する精神構造を解いてみせてくれる。その方法はシャイであるが故に、時として、からかいや下司な駄洒落となって表現されるにしても、その裏にひそんでいる芸にたいする遠慮深さや、あきらめの哲学をも。こんな些細なことに懸命に狂うことで、同時に見せようとするその狂態だ。

『お見立て』

落語に『お見立て』という噺がある。まったく関係のない他人の墓を花魁の墓に見立てて、なんとか旦那の追求をかわそうとする廓の男衆。たわいない滑稽噺なんだが、これは笑いごとではない、もしかしたら、われわれデザイナーだって同じようなことを常日頃から行っているのではないかと思った。クライアントのご機嫌うかがい、なんのかんのと理屈をこねて……。愚痴は言いたかないが、結局はお客様あっての商売なんです。

それは置いといて、「お見立て」である。

今年の三月に逝ってしまった草森紳一（一九三八―二〇〇八年）のことを想った。著作『見立て狂い』の副題に江戸の「粋」はノイローゼ空間、とある。江戸の庶民文化に深く根ざした「見立て」精神を、戯作画工の恋川春町の黄表紙『化物大江山』を読み解きながら、その「逃亡者的攻撃性」について言及したものである。くわしくはこの著作を読んでいただきたいが、ぼくの理解した限りではこうだ。

つまり、ひねくれ者の江戸っ子の、お上をはばかっての、あの手この手の体制批判。その手とは、パロディー、しゃれ、尽くし、謎々、趣向、風刺、もどき、こじつけ、物真似、暗示など。いずれも「お見立て」の常套手段を駆使して「幼稚性の逆取り、他愛なさの価値化」。子供は見立ての達人だ、棒切れを十字に組あわせれば、たちどこに飛行機にも短剣にもなる。「この狂気の幼稚性に、太平の日々、見せかけの太平へのいらだちとその解放の知恵を見る。なにを見立てたかということよりも、見立てられたそのものが独立した新しい世界を創りだす。もっとも、めったにそうなることはない」らしいが。

草森紳一とは数えるほどしか会っていない。彼の本『歳三の写真』（一九七八年、新人物往来社）の装丁をたのまれた時がはじめてだったと思う。じつは、ぼくはビビっていた。その時より以前にあるデザイン雑誌で、ぼくの装丁について、特にタイトル文字について、彼は語っていたからだ。まだ描き文字などしていない駆けだしの頃で、写植（既製品の文字）の字間をつめたり開いたり、装丁といっても、その程度がおもな作業だった。ところが草森氏は、その字配りの細やかな在り方に数行をついやしていた。まさかこんなところまで見るひとがいるなんて、といささか鼻白んだのだ。

残念ながら具体的なことは憶えていない、そのときはたぶん理解も出来なかったのだろう。書体、位置、色などに苦慮するのはデザイナーの役割で、あたりまえのことだし、むしろせっせとレンガを積みあげるような単純作業に快感さえおぼえていたにちがいないのだ。文字と文字のあいだのなにもない空間（行間ではなく字間）について言及する。行間を読むことはあるだろう。だが、ただ物理的な字間になにがあるというのか。

一九九八年十二月号の『グラフィケーション』で「書とデザインの間」という対談をした。草森氏と、まじめに長時間しゃべった最初で最後だった。明治時代の政治家、副島種臣の「書」のことからはじまって、中国の詩書画について。終始おされっぱなしの対談だった。むりもない、彼は中国文学専攻のひとだった。中国人における複製芸術とオリジナリティーの考え方、なかなか興味ぶかい話から、ようやく書体や文字を書く、描くことの羞恥心について、そして「文字は内臓を模倣する」ところまできて、さて草森さん、字間になにを見たのか。その答えを訊かぬうちに時間がつきてしまった。

だが、今ごろになって、なんとなく答えらしきものが見えてきた。その手がかりはやはり「見立て」ということではないか……。

元気なころは勢いだけで仕事をこなし、それはそれでなかなか面白い物ができあがることもある。だが、老人になって仕事の量も落ち着いて、柄にもなくじっくりと自分の形を眺めてみるようになってきた。すると、さまざまな弱点ばかりが目について、そして「文字は内臓を模倣する」のだとつくづく腑に落ちた。たくさんの、見た形、聴いた音、読んだ文章、好きなもの嫌いなものが消化しきれずに、もうすっかりくたびれきっている内臓にこびりついている。だが、そこから形が生まれてくる、そこでいままでに描いてきた字形を「コウガグロテスク」と称してみた。

人間の体は臓器の集まりだけでできているのではない。体の中は隙間だらけで、五臓六腑はそこにぶらさがり、錯綜する隙間にネットワークをつくりあげている。隙間もふくめて全体が、生命エネルギーの「場」なのだ。となにかで読んだ。

さて、草森さんは隙間になにを「見立て」たのか、言わずもがな、彼の隙間が微妙にふるえたのだ。それだけで僕はじゅうぶんだが、そうしたひとがひとりいなくなったのがちょっとさびしい。色即是空、空即是色。

長谷川四郎さんの絵

四郎さんは四人兄弟の末っ子だ。四郎さんは兵隊になって、シベリヤで捕虜になった（第二次世界大戦で）。日本に帰還してから、詩や小説や戯曲やエッセイや、ときには評論も書いた。それらをまとめて全十六巻の全集（晶文社）ができた。全集カバーの表四には四郎さんのイラストが、かならず掲載された。

いま、この文章をかきながら、この章の頁をさいて四郎さんの絵を数点入れたいと願っている。そんな特権をゆるしてくださ い。ぼくが晶文社の本の装丁をするようになったのは、友人の津野海太郎にさそわれてはじめたことに違いはないが、編集部の書棚にあった、四郎さんの四冊の作品集を読んだせいも大いにある。といってもその時までは長谷川四郎なんて名前もしらなかったのだが。だいたい、ぼくは本を読むことは今でもそう好きではない。読むことはあるが、つまりそれは勝手読みというのであって、そこに書いてある文字をきっちり理解しているかどうか、あやふやだ。それが、四郎さんの本をひらくと大平原がひろがり、まんなかあたりに見える、小さな点がずんずんと近づいてくる、それは長い影をひいた大きな男だった。

ぼくは劇場の入口にならんで入場を待っていた。寒い日だった。ぼんやりと目をむけていたビルの角を、さっと曲がって、長いコートに鳥打帽子の男が、やゝ傾き加減でずんずんちかづいてくる。「長谷川です」と名乗ると劇場のなかにきえた。つれが「あれが長谷川四郎だよ」、と肘でこづいた。

　六月劇場という集団に所属して、何本目かの演目が『審判―銀行員Kの罪』（一九六七年、俳優座劇場）。フランツ・カフカ原作、長谷川四郎台本、津野海太郎演出、旧六本木俳優座劇場。四郎さんの台本が届き稽古が始まった。稽古場に四郎さんがやってきた。おずおずとぼくは道具帳を見せた。その時二十八歳にして初の大道具発注のためのスケッチを描いたのだ。おまけに、衣装、幕ごとの道具の位置と役者の立ち位置まで描いてしまった。それは演出家の領域だった。四郎さんは白髪頭を掻きながら苦笑をうかべていた。

台本のなかには、段落のように小唄がはさみこまれていた。「物を見てかく手の仕事　屋根裏、絵かき、ティトレーリ　高い山から谷底みれば……」というソングが忘れがたい。それにこの芝居だったろうか、「沈むのかな、昇るのかな」、平原の中天にあるお日さまが描かれた絵だ。四郎さんの頭のなかには、いつもこうした境界線が存在する。国境のすぐ向こうに舞いおりる鶴。国境を一歩ふみだせば、それは脱走。アウトラインとは、いったいどちら側の……。

四郎さんの絵は細い一本線で描かれたものがある。その先端をつまんで一振りすれば、たちどころに絵は消えて、ただ一本の線にもどるだけだ。

「木六会」

道具箱の引き出しのなかから一枚のモノクロ写真がでてきた。長谷川四郎さんが愉快そうに笑っている、その向こうにちょっとピンぼけで千田是也さんと灰皿にタバコ。これはたぶん「木六《きろく》会」の会合のときのスナップだ。「木六会」（一九七四年、佐々木基一、千田是也、広末保、うえまつたかし、長谷川四郎で結成）だいたいこの名称すら、僕の記憶では曖昧だ。六本木にあった千田是也さんのお宅で発足した会だったのではなかろうか。何処かに、キチンとした記録が残っているとおもうのだが……。

ある日「千田です」、と電話がかかってきた。仲間内に千田というのはいないが、その声音からするとまさしく是也先生。「君に舞台装置を一本お願いしたいが、ちょっと来てくれませんか」「ハッ」。言わずと知れた新劇界の大御所・千田是也からのお声がかりに、演劇につま先をちょっといれた程度のチンピラ・デザイナーの僕は、とりあえず馳せ参じた。

六本木交差点をすこし下ったところにあった、鉄筋のビル。来意を伝えると、じろりとねめ回すような目つきの女性が取り次いでくれた。あゝ女優の大塚道子だ。小さな部屋にとおされ、こんどは別の女性がお茶を持って現れた。あっ、岸輝子だ。おおこわ。

しばらくして千田さんが、舞台の模型をもって入ってきた。「これ、ちょっと古くさいんだよ、どう思う」「はい、たしかにそうですね」「花田清輝の『ものみな歌でおわる』知ってるよね」「はい晶文社から出てますので」「?」。たしかにその模型のデザインは、いかにもリアルな新劇調で、金山というよりも常磐炭坑のようで、まんなかにポッカリあいた坑道から登場人物が現れる仕掛けだろうが、背景になったボタ山ふうの斜面と相まって、舞台進行全編の様子が容易に想像ついてしまうのだ。「どう、やってみますか」「……はい」。

こんどは、大きな丸テーブルの置かれた大きな部屋につれていかれた。テーブルの向こうには四、五人のひとたちが談笑していた。花田清輝、長谷川四郎、広末保、などなど。ひとわたり紹介され「がんばります、一週間後に第一案をお見せします」。

帰り際に渋谷の画材店「ウエマツ」により、アルミのチュウブ管を買った。実際の舞台では、銀色の鉄パイプで一間間隔のサイコロ状のものを組あげて、四層あまりの櫓《やぐら》をつくり全体が坑道であったり代官屋敷であったりするような、高低差のあるセットを作りたいと思ったのだ。

当時の俳優座劇場には二階席もあった。この話より以前に長谷川四郎の『審判—銀行員Kの罪』でこの舞台のタッパ（天井高さ）を知っていた。かなりな大きさのパネルも楽々とつり上げることができる魅力的な空間だ。櫓の最上階が二階席からだと正面に見えるかもしれない。

アルミ・チュウブ管でつくった模型を持って千田さんを訪ねた。千田さんは、しばし考え、指で模型をゆすってみて「危なくないかね」「大丈夫ですよ、鎹《かすがい》をいっぱいつけるし、そのほうが現場っぽいし、崩れることはないとおもいます」「うむ」。

大道具の仕込みがはじまった。俳優座劇場内には木六会の面々があつまっていた。長谷川さんは来てるのかな……、来てる、しかも高い櫓の上を歩いている。「気をつけてくださいよ、つまずかないように」「平野君このセットけっこう怖いよ」。そのとき、櫓の一番高いところに据えられた祭り太鼓がゴロン、ドンドンと落っこちた。場内は一瞬シーン「コラ、心配させんなよ、太鼓

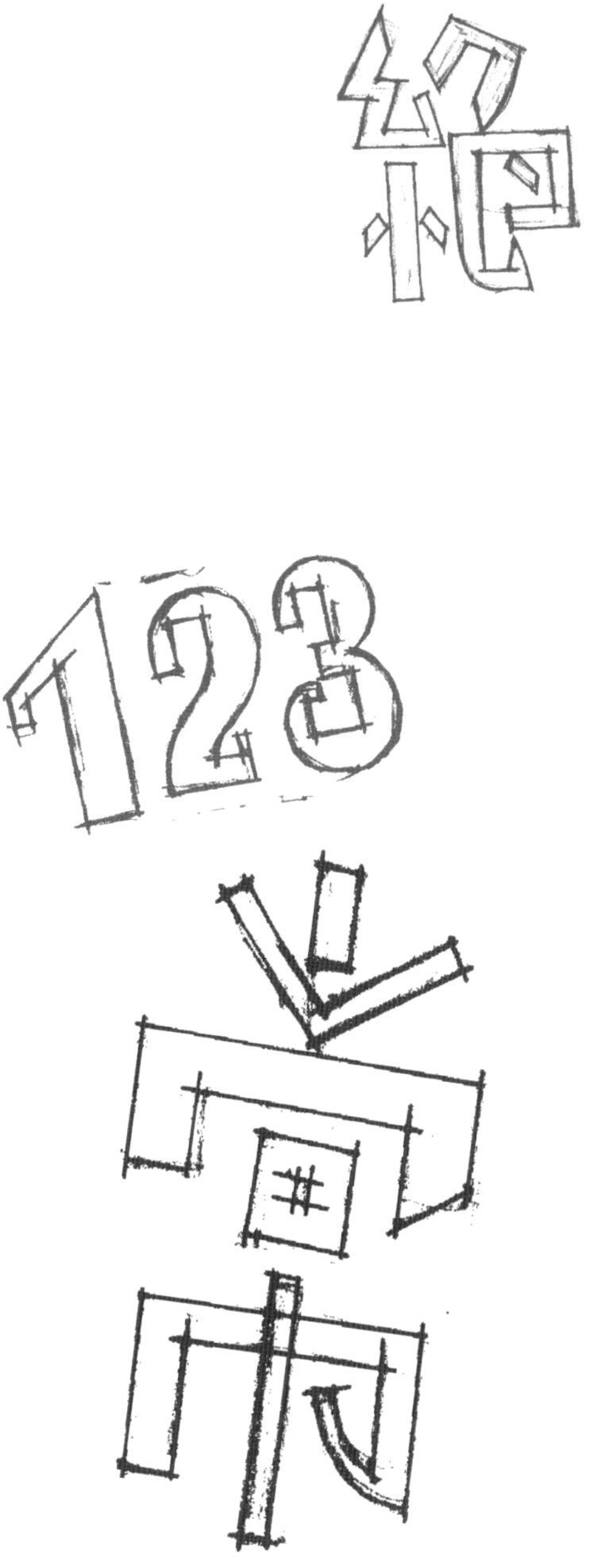

でよかったよ」と、にやりと千田さん。

実は、僕はこの芝居の本番をみていないのだ。恐ろしいからというより、この時期は自分たちのアングラ集団（黒テント）の準備におわれて右往左往していたし、俳優座、文学座といった功成り名をとげた新劇集団には、やゝ批判的な目をむけていたこともあったのだ。しかし、この芝居、千田一門の若手と、出雲阿国役の河内桃子の頑張りで、連日大入り、評判も上々と聞きホッと胸を撫で下ろした次第でした。

『東京昭和十一年』

世田谷美術館からニューズレターが届いた。小豆島移住を決めていた私たちはこの「桑原甲子雄の写真　トーキョー・スケッチ60年」展（二〇一四年四月十九日―六月八日）を見ることはできなかった。桑原さんは一九七四年に晶文社から『東京昭和十一年』という写真集を出版した。ぼくらが『宝島』という大型雑誌を出していたころで、同時期に劇団黒テントでも、佐藤信作・演出の『喜劇阿部定　昭和の欲情』という芝居にとりかかっていた。舞台は、「阿部定」の猟奇的事件を題材に、ブレヒトの『三文オペラ』を重ね合わせ、「マック・ザ・ナイフ」の軽快なソングに乗せて展開する黒テント第一級の名舞台だった。世界は、まさに昭和十一年の東京下町である。

桑原さんは下谷の質屋の倅、質に入っていたライカを懐に下町一帯を高等遊民。上野、浅草から隅田川の行き交うひとびと、風物をさりげなく撮影していた。そのネガを整理し、プリントしたのは荒木経惟だった。

桑原さんはこのプリントをもとに、個展をひらいた。芝居の宣伝担当だったぼくは、展示されていた写真をみるや、即座に桑原さんに会わねばと連絡をとり、桑原邸訪問。これが案に相違して、世田谷馬事公苑にある瀟洒なマンション。このことはさておいて……。あるわあるわ、写真の山。後に池波正太郎をして「これは、僕だ」と言わしめた名作、路地裏のむこうから駈けてくる少年をとらえた一枚。正面二階の洗濯もの翻る、ものほし場、電柱、看板。これは以後の『阿部定の犬』の基本舞台になった。

写真集『東京昭和十一年』には二・二六事件の馬場先門の風景があるが、その続編『満州昭和十五年』や、赤紙一枚で召集された兵士たちとその家族の記念写真集『一銭五厘たちの横丁』（児玉隆也著、桑原甲子雄写真）なども出版され、これらは日本戦中史の貴重な証言である。

舞台は、ラジオから聞こえる広沢虎造の浪曲を中断し、戸浦六宏のアナウンスの後、玉音放送がながれる。寿妊婦預かり所の主人、千歳鶴蔵は新聞を鷲掴みに立ち上がり、名台詞「そー、昭和もとうとう終わったか」。幕。

この桑原甲子雄写真展の開催中に美術館講堂で斎藤晴彦「東京昭和十一年をうたう」というライブがあった。共演は遠藤良子、滝本直子、ピアノ・吉村安見子。『喜劇阿部定』の挿入歌と語り。斎藤はこの芝居「阿部定」にも街頭写真師という役柄で出演していた。そのコスチュームは異様だった、軍服を着用し、顔面に写真機を取付け、パチリパチリと昭和の欲情の世界を切り取る、もしかしたら、これは桑原さん、いや違うだろう。庶民の暮らしを盗みとろうとする為政者のおぞましい姿なのだ。

移動する黒テントは、まだ未開発のお台場、夢の島公園のかたすみにテントを立てた。三時間半にも及ぶ長編『喜劇阿部定』の開幕。前評判は上々で客の入りもそこそこいい。だがこんなに？　なぜ満員なの、それもそのはず、この周辺の現場で働いている労働者諸君がもぐりこんでいるのだ「おい、次の場面がいいんだよ」なんて喋っている、ということは、もうなんかいも観ているに違いないのだ。ここはまだ、荒涼とした埋め立て地、遠くの築地や銀座あたりの灯がチラホラ見えて、焚き火たいてる劇団の若手連中が「帝都」炎上なんて騒いでいた。

ついでと言ってはなんだが、黒テント芝居の思い出を、もう少し。といってもほとんどは斎藤晴彦のことだ。

小劇場運動のメッカ下北沢。本多劇場ができる以前は、あき地だった。ギリギリいっぱいに黒テントが建てられるスペースだった。そこで『キネマと怪人』が上演された。満州（現在の中国東北部）映画草創期の物語。佐藤信お得意の昭和もの喜劇仕立て。事変で炎上する撮影所、右往左往する女優や男優。棒立ちになった監督馬蔵《うまぞう》役の斎藤晴彦がやにわに、唄います「チゴイネルワイゼン」の旋律にのせたメチャクチャ・ソング。すごいねサイトウ君。いやぁ、子供の頃からやってたからネ。神田のガード下なんかで電車の通る音なんかに詩つけたりしてネ。

この手のサイトウの芸は、その後の『西遊記』でも炸裂した。お師匠さま（斎藤晴彦）を訪ねた悟空（服部良次）が觔斗雲の術を授かる場面。その性能についてのソング。この巧者二人の掛合いも凄かった。クラシックから、ポピュラー、フォーク、某国国歌にいたるまで替え歌にのせて唄いまくる、おそらく史上まれに見る快演。『西遊記』は呉承恩の長大な作品だ。黒テント版では、いくつかのエピソードを別々の配役で行い、オムニバス形式で進行する、したがって孫悟空が幾パターンも登場するわけだ。これすなわち分身の術そのものであった。

この公演は京都四条河原でも上演され、前座といっては失礼だが、瀬戸内寂聴師の講話付きでもあった。

小豆島に移る寸前に、六月劇場以来の友人、伊藤与志江さんから一枚のCDが送られてきた。それは『ショウボート昭和』というタイトルで、以前に黒テントが発売したLPをデジタル化したものだった。もう終わったのだよと、その時はそう思った。この稿を書くにあたって、恐るおそるそのCDを聴いた。

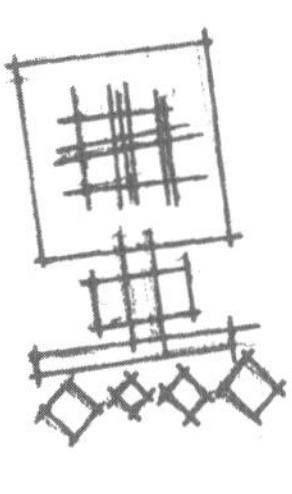

渋谷さんのピアノ

十数年来、働いてくれたうちのミニコンポの調子がおかしくなった。いろいろ違うCDをセットし直しても、ノーディスクと赤い表示を点灯するばかり、働く気はあるのに悪いのはオマエさんだと言わんばかりになってしまった。ところが、一枚のCDがこの窮状を救ってくれることになった。

行きつけのCD屋で『solo famous composers』という渋谷毅さんのピアノソロアルバムを買った。彼の演奏をはじめて聴いたのは、若者たちのごった返すライブハウスで二階堂和美の伴奏をしていたときだった。ざわついた雰囲気のなかで淡々と演奏する白髪のピアノマン。彼はいったい誰。渋谷毅といえばハードなモダンジャズピアニストのはずだ。

僕が仕事机にむかっているときは、背中で音が鳴っている。たいていはジャズだが、にぎやかなのはさすがに聴けなくなった。せいぜいピアノトリオかできればどんな楽器でも静かなのがいい。よく行くCD屋には特設のピアノトリオ・コーナーというのがあって、同じような症状のひとが案外いるらしいことに複雑な安心感をいだく。最近ではクールな北欧系のものが多く、カッコいいなとおもうけど、なんだか頭でっかちで、押しつけがましいような気がしなくもない。

コンピュータを起動して、ソフトを立ち上げている間にCDをセットするのが毎朝の手順なんだが、これが狂ってしまった。嗚呼、これで今日の仕事もうまく運ばない、なんて、すぐ誰かのせいにしたくなるわけだが……。ビニール袋をパリパリ剥がして渋谷さんのCDを載せてみた、なんとまァありがたいことに、妙なるピアノが鳴りだしたではないか！　ヴォリュームを上げ下げしても素直に反応してくれる。一枚目終了。そこでソッと『solo famous melodies』。これも同時発売された渋谷さんのものだ。だいじょうぶ。すばらしい。その日はまるでDJにでもなったみたいに次から次へと掛けまくった。たいへん忙しく、仕事は大いにはかどらなかった。

ニカ（二階堂和美）さんの話によれば、このごろの渋谷さんはアレンジの仕事が多いという。じつは有名アイドルの楽曲も手がけているらしい。そういえば『二階堂和美のアルバム』にも、その名がある。ニカさんの愛くるしい歌声もさることながら、それをささえる渋谷さんも見事なものだ。つい僕は、どうして彼と共演することになったの？　と訊きたくなった。はっきりした答えはなかった。音楽、演奏するという作業には、いやどんな行為にも、その人の生活と意見が否応なく表明されてしまう。そうした二人がつくりだす音楽は、なごやかで、とうぜん、幅も厚みもあるものになっている。

缶ビールをピアノの下に忍ばせた渋谷さん。こちらはミネラルウォーターの生駒祐子さんと二カさんの「うたのイワト」（二〇〇八年一月）もおわり、お向かいの中華料理店で、ささやかに打上げた。天候次第で音程がままならぬシアターイワトのピアノはいかがでしたか、と訊いてみた。「音の善し悪しはそのピアノのおいてある場所ですよ。いい音してたでしょ……」「この紹興酒もおいしいね……」。おそれいりました。

さて、今日もまた、この一枚からいきます……。成功。ラジオ体操みたいなピアノが鳴りだして、血のめぐりがよくなって体がじゅうぶんに温まってきました。さあ今日も一日元気に働きましょう。

息子の仕事

やはり、親子は似たようなフィールドで仕事をするなんてことはよくある。ぼくは学校（武蔵野美術大学卒業というところまで同じ）を出て以来グラフィックデザインの仕事をしてきた。息子の太呂《たろ》はムサビ映像学科出身。彼は写真で、ぼくは描く。画像をつくる方法はちょっとちがうが、いずれにしても最終目標はプリントだ。

「物を見てかく手の仕事」という簡単なことばが気にいっている。ことばは簡単でもじつは、ものを、見て、描く（撮る）。このひとつひとつがなかなか厄介なことなんだ。

太呂の写真集『POOL』や、彼が撮った人物写真を見るにつけ、なぜか不思議な気分にさせられた。シャッターを切るその瞬間を選ぶのは、息子である太呂に間違いないのだが、なぜその瞬間だったのか、問いただすことはできない。そう思ったから、そう見えたから、という答えがかえってくるだけだろう。なぜそうだったの？　もちろん説明はするだろうが、それは説明でしかない。そこであらためて「不思議な気分」を考えてみることにした。

その写真には、水のないからっぽの「POOL」があり、彼の視線の高さでシャッターをきっている。その次もからっぽの「POOL」だ、その次も、晴天の空気のなかに見捨てられ、放置された「POOL」。しかし、繰りかえし見るうちに、そこには何の恨み辛みもない、ただからっぽの「POOL」という「もの」としてのまったく別種の、さまざまな物語があることに気がついた。それがどんな物語なのかはわからないのだが、おそらく見る人の体験をとおして個人的に納得するしかないような物語。それは、お定まりの写真術ではけっしてとらえることはできないような……。と、ちょっと親バカが過ぎたかもしれない。ただ、じっと物語に耳をかたむける、子どもの頃からかわらない太呂がいるのはたしかなことなのだ。

父親のこと

父、喜市郎のことは、たいして憶えていないに等しい。父が生まれた年は日本公害の原点足尾銅山事件真っ盛りの一九〇〇年だが、これにはまったく関係ない。その三十八年後に甲賀が、京城府南大門に近い三坂町で誕生。登利子、京子、一夫、宏、甲賀。こうしてみると、なんだか統一感のない名前がならんでいる。じつは長女は養女で、読みようによっては酷な名だ。母の名、登志子から文字を当てたときいた。登利子は優秀な子だったよ、といつも聞かされていた。女学生で「文展」（いまの日展だろう）に最年少入選して新聞に載ったとか、針をもたせても上手でね、と母の自慢の娘だった。それが二十歳のとき喉頭結核であっさり死んでしまった。

父は、詳しいことは不明だが、大成建設の前身の大倉土木の京城支店で働いていたようだ。三坂町から、ちょっと山手の青葉町に家を建て、骨董蒐集に凝って、二階のそれらが置かれた部屋にはぼくらは立入り禁止だった。いざ本国に引揚げの際はさんざん悩んで、庭に掘った防空壕に数人がかりで埋めたという。うっすら覚えている白磁の壷や碗、黒光りする仏像、刀剣の類。お宝は埋めるに限るか。

父はギリギリの年齢制限で徴兵を免れていた。そういう年回りだったためか、日本人集落（といっても、大威張りで、あたりを占拠していたが）の町会長的役割をはたしていたそうな。防空演習のために作った櫓をおぼえている。三段に組あげた丸太足場に、中央に丸い大小の穴をあけた筵《むしろ》をぶらさげ、バケツリレーで穴めがけて水を打つ、うまく命中すると歓声があがる、その様子が面白いと見物人がつめかけたとか……。

でも、さすがに悔しかったのは、引揚げ荷物は身に着けられるものだけで、そのためにつくった大きなリュックと鞄が、プサンの港で夜陰にまぎれて、盗難にあったときだ。父親のあんな罵声をはじめてきいた。引揚げ船が博多に着いたとき、米兵に両腕を抱えられて下船した父は完全に腰が抜けた状態だったとか。その時の様子を京子姉はよくおぼえていて、いつも悔しそうに話した。うちの両親はいつも損ばかりしているというのが姉の終生のテーマなんだ。

静岡の親戚の家にとりあえず転がり込んで、ぼくは小学一年の二学期をそこで過ごし、三学期からは東京大田区北千束の赤松小学校に入った。北千束の家はもちろん知らなかったが、これも父親が建てた大きな家だ。しかしその家には二世帯の人たちが住んでいた。たぶん、そのせいで静岡に途中下車していたのだろう。一家五人が入居できたのは、二階の部分だった。一階には二人の大学生とその母親が住んでいた。「この子たちが卒業するまでには、なんとか……」。うちの両親たちは渋々承諾したのだろうけど、ぼくら子どもたちには楽しい日々だった。

そんな時期に、父親の姿が家から消えた。というとドラマチックだが、沖縄の那覇に単身赴任していたのだ。父は大成建設海外室長になっていた。沖縄はまだアメリカ統治下にあった。年に数度、日本に戻ってきたが短期間のときもあれば、心配になるほど、長期のときもあった。母と京子が「うちの父さんはどうしてああなの」と話しこんでいるのを耳にしたことがあった、ああと言うのは、つまり韓国がすんだと思ったら、こんどはなんで沖縄なんだ、ということ。

そんなある日、学校で自分たちの町の地図をつくりましょう。みなさん、ご自分の家の模型をつくって並べましょう。と面倒くさい宿題がでた。小ちゃな函をつくり、クレヨンで……、でもせめて屋根は三角形にして……。それをじっと見ていた在宅中の父が「手伝う」。さあたいへんだ。方眼紙をとりだし、厚紙にしるしを付けては切りだし、折りまげ、たちまち三十分の一程度の我が家を、つくり上げた、「さあ、もってけ」。先生の反応は、わかっている。しばらくの間、教室にそれは飾られていたが、ちょっと落着かない気分の毎日だった。あれから模型の我が家はどうなったんだろう。

何度目かの帰国のとき、父は風邪をひいて寝込んだ。近所のかかりつけの医者がやってきて、注射を一本うった。「もう、これで大丈夫」じゃなかった。母が付き添って大学病院に入院し、しばらくして帰ってきた母が、なぜか目を大きく見開いて「お父さん死んだ」。五十六年ばかり生き、すばやい死だった。

姉マーちゃん

マーちゃんのことをもうちょっと。マーちゃんとは、長女登利子のことだ。なぜそうよんでいたのかはわからないが、つまり「トリコ」とは呼びたくなかったのだろう。「嫁して三年子なきは去れ」、と言われる風習が、まだあったのかどうかは解らないが、そんなような言葉が、かわされていたのを、かすかに憶えている。トリコとは赤子を渡した側がつけた名前だったんだろう。

母の実家は茨城県古河で、引揚げの途中で静岡に寄ることが、たまらなく嫌だったようだ。これはまったくの想像だが、マーちゃんは静岡生まれだったのかもしれない。しかも、その子を二十歳で死なせてしまった。「あの子が、とても良い子だったなんて、誰も知りもしないくせに」と、母は、そこにまるで居場所がないような心持ちではなかったろうか。

ぼくはマーちゃんの「文展」入選作を憶えている。それはたぶん校舎の、外階段に佇む女学生の肩越しに、はるかに連なる朝鮮の山並み。原画を見たわけではないが、新聞の中央あたりに掲載された目の粗い白黒の写真だった。

マーちゃんは、自分の部屋をもっていた。ぼくらは、もぐり込んでは、そこを遊び場にしていた。いつもきちんと整理整頓され、本箱に並んだ本には全部カバーがかけられていた。それらの本にはキチンとタイトルが書きこまれ、イラストまで入っていたかどうかは憶えてないが、とても美しいものだった。カバーをはずして、それだけをもらい、秘密のコレクションにしたり、トッカエッコの切り札にもなった。このことが、ぼくのデザイナーとしての原点になったと、いつかどこかに書いているが、それはどうだかわからない。

　マーちゃんは手仕事のひとだった。兄弟全員の浴衣（寝間着）ぐらいはつくった。揃いの寝間着を着て、父母の点検の儀式を、かすかに記憶している。戦後まもなくのことだが、我が家にやってきた米兵がその様をみて「おー、き、も、の」と驚嘆の声をあげたのも記憶している。

　ある日、ぼくは、しりあいの女性の家に預けられた。陽のささない暗い家（実際にそうだったのか、それにどのくらいの間だったのか、もう確認のしようもない）だった。数日後、手をひかれて青葉町の家に戻ってきたら、家にはおおぜいの人が外まであふれていた。「ほら、マーちゃんですよ、お別れしなさい」。白い着物を着せられたマーちゃんが白い花にかこまれて寝ていた。

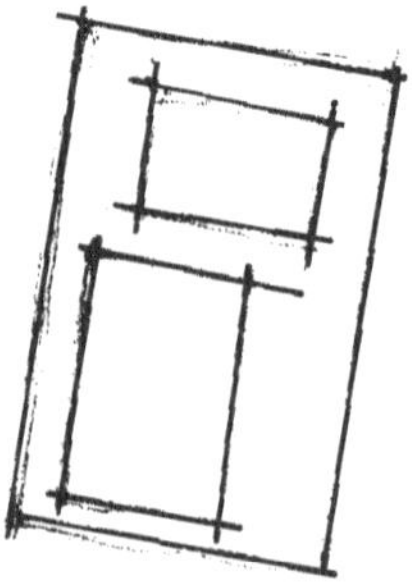

映画少年

少年の頃、ぼくが住んでいた私鉄沿線の町には、映画館はなかった。一つ手前の駅の町には三つあり、もうすこし先の乗りかえ駅の町には四つもあった。映画館のなまえはもうすっかり忘れてしまったが、一つだけ忘れられない「南風座」という名の映画館があった。

うちの親は映画と言っただけで、あっさりと小遣いをくれた。なにか魂胆があったわけではないだろう。ただ厄介ばらいしたかったんだ。銭をにぎりしめて駅まではしった。そして、切符売り場の窓口に手を突っこんで、つい「南風座」と叫んだ。駅員は黙って自由が丘までの切符を出してくれた。当時は券売機なんてものはなかった。

書いているうちに少しずつ記憶がもどってきた、ほかのは「バラ座」「武蔵野館」えーと、もう一つはまだ出てこない、こっちのほうが当時としては新しい小屋だったのに……。

「南風座」は邦画系、黒澤明の『野良犬』。「バラ座」は洋画。ウォルト・ディズニーの『白雪姫』や、大好きだったエロール・フリンの海賊もの。「武蔵野館」も洋画、これまた好きだったせいかエスター・ウイリアムズ『水着の女王』などのミュージカルものが多かった。それにフランス映画『嘆きのテレーズ』『狂熱の孤独』など。思いだせない映画館ではちょっとシリアスなギャングもの。『黄金の腕』『波止場』なんてのもここで観たとおもう。

一本、忘れられぬ映画がある。がタイトルが、また思い出せない。レイ・ミランド主演だったとおもうが。大学だったか、化学の教師である。白衣を着用し今日も、思わしい結果が得られない実験室。校庭からは野球部の練習する歓声が聞こえてくる、いつもどおりの午後だ。その時、ガラス窓をつきやぶってボールが飛びこんできた。そして、教授の失敗作である得体の知れぬ液体にドブン。頭にきた教授は、なかば倦怠の面持ちで、ボールをつまんで床にほうりなげた、窓を開けてドナリつけようともしない。ところが不思議なことがおこった。ほうりだしたボールがヒョイとテーブルの脚をさけてコロげてゆく、何度やっても同じこと。教授はボールを拾いあげ階下のグラウンドに出てゆく、野球部の連中はお説教がはじまるのかと身構えるが、教授はなかでも一番のモサとおぼしき少年に、この球を打ってみるか、と白衣を着たまま両腕を振りかぶる。ニタリと小馬鹿にした笑みをうかべた少年のアップで場面がかわる。

プロの入団テストを受けているユニホーム姿の教授。どこで練習したのか、結構いいストレートを投げ込んでいる。まッいいか、投手不足のこの折りだ、マウンドに立たせてみるか、打ち頃のストレートでは、さすがに塁はうまる。あきらめ顔のベンチ。そこで教授はていねいに球をグラブの中でこね、次なる一球。豪快なスイング、ところが球はひょいとバットをさけてミットにおさまっている。それからは三振の山。彼はたちまち球界のスターダムをのしあがり、球団はペナントレースを勝ち抜き、今日はシーズン優勝を決する最終戦だ。

ロッカールームである。野球選手とはいえ、さすがにおしゃれなお国柄、ユニホームもきちんと整えて、口をすすいで頭にヘアートニックをふりかけてと……、あれキレてる。女房役のキャッチャーはとなりのピッチャー教授のロッカーからなにもラベルのない、残りすくない小瓶を拝借して髪の毛にふりかけ、くしけずろうとするが何回やってもうまく整わない。そこへ教授がやってきて、その小瓶をとりあげ、ちょっと困惑の表情。もうプレイボールの時が迫っている。

回は進んで、今日は白熱のシーソウゲーム。教授はボールを、例のグラブの中でこねあげる癖をさかんにやるのだが、どうも効きめがイマイチのようだ。実は、教授は例の得体のしれぬ液体を布にしみ込ませ、グラブに開けた小さな穴から絞り出し、ボールにこすりつけていたのだった。それももうキレてしまった。そこでこんどはサインの交換と見せかけて、キャッチャーの頭をさかんに撫ぜまわし、ボールをこねる。二死満塁、ここで一打出ればさよならヒットだ。渾身のストレート、強烈なピッチャー返し。そのライナーに教授は思わず手がでた。ゲームセット。勝った。しかし、グラブをしていないまま捕球する……、素手だった。

骨折し、これ以上野球を続けることができなくなった教授は故郷の大学のある駅に降り立った。小さなブラスバンドが出迎える。アッ、いま思い出した『春の珍事』だ。

映画館に居る

頻繁に、一週間に二、三本、映画ばかり観ていた。そんな時代はとうの昔におわったが、いま思えばぼくのデザインのテイストはつくづく映画にささえられていると思っている。ではどんな映画に、と訊かれてもこまる。だいたいテーマやストーリーに心ときめくことはあまりなくて、ちょっとしたカットが気になるたちで、ドラマはどこかへ飛んでゆく。それにぼんやり暗闇のなかに座っているのがすきだった。

芝居にかかわっていたころ、過酷な公演がめでたく打上げて、一息つきたくて映画館の暗闇に居た。『誘惑されて棄てられて』というシチリア島の結婚喜劇。パッと場内が明るくなると、ウイークデイの昼間だけあってたいして客が入っているわけもなくて……、「えっ、ムラ（村松克己）もきてたの」。彼があごで指し示した先には裏方連の誰それ君。みんな疲れてんだ。映画は白黒で女優の黒い太眉と白い背景が強く印象に残った。

「大ちゃん（草野大悟）の話、聞いたらその映画は観ちゃだめよ」とチホ（樹木希林）。劇団の雑談には、大ちゃんの映画談義がつきものだった。身振り手振りよろしく話がはじまると、誰もがソッポむくが、つい乗せられて聞き入ると、もう映画本編にお金払って観るのはたいへん残念なことになる。その残念映画は『猿の惑星』でした。

ちょっとしたカットとは、憶いつくままに題名を挙げてみよう。といっても、製作年代なんかとうにわすれているのだが、一見無関係な数秒のシーンが、連想から連想へ、気をとりなおしてまた本編へ。

『ミラノの奇蹟』の集団日光浴、『誰が為に鐘は鳴る』の小母ちゃんのぎょろ目、『にがい米』の太もも、『ナック』のリタ・トゥシンハムの口、『羅生門』の雨、『道』の鎖のしたの小さな布と、ジェルソミーナの得意顔、『長距離ランナーの孤独』の大きなパンツ、『そして船は行く』の骨壺と犀、『天井桟敷の人々』のもの干しロープ、『沈黙』のヘリコプター。こんなこといくら羅列してもしかたがない、ぼくの頭の中にある微かな手がかり。

和田誠さんの映画談義

和田さんといえば、著名なデザイナー、イラストレータ、とくに似顔絵師として、かずかずの逸話が残っているが、わすれてならないのは映画監督としての和田さんだ。阿佐田哲也の『麻雀放浪記』はぼくの愛読書だったが、和田映画でそれを観られたのは楽しかった。和田さんとは友人たちの個展オープニング会場などで顔をあわせることが多かったが、展示作品そっちのけで映画談義に夢中になった。

さきほどの『春の珍事』は野球、『罠』はボクシング、これはじつは二本立てだったのだ、あんな素敵な二本立てはなかったね……。『罠』は、ロバート・ライアン主演の引退まぢかの老ボクサーの話、いま売出し中の若手との、裏で大金の動く、仕組まれた試合。そのことを言い含められていたロバートは自らの引退後を思った。その試合に勝てば……。まんまと大金をせしめ、あわてて会場を後にした彼は、妻の待つホテルまで、あと一歩という路地裏でギャングどもに取囲まれ、レンガで、両のコブシを潰されてしまう。どちらの映画も素手で終わる。

神楽坂のシアターイワトで、「劇場とタイポグラフィ」という会を企画し、和田さんに特別出演してもらったことがあった。映画とそのタイトルバック、各会社のロゴから本編への見事なながれを解説し「MGMの、このライオンは一回多く吠えます」とか、貴重なコレクションのなかから、タイトル・デザインの奥の深さや、映画のいままでにない観かたがあることを教えられた。「登録商標入りのものなんで、出来るだけ内緒に」と和田さんは心配していたが、ぼくらデザイナーにとっては、これはぜひ自慢気に喋りたい教材だった。

イワト映画の時間

　神楽坂にはその昔、寄席も映画館もあったと聞いていた。いつも通っている地蔵坂には「わらだな寄席」というのがあったという、神楽坂はその名どおりの歓楽街だったのだろう。坂を下って外堀通りに、かって「佳作座」という映画館があった。その先に「ギンレイホール」という独自に名作物を選んでかける映画館がある。そのどちらかで『フェリーニのアマルコルド』を観た。そうした土地柄でもあるし、寄席も映画館もやってみようじゃないの。だがＤＶＤでご家庭でも好みの作品を簡単に観られる昨今、いや、映画はやっぱり映画館で観るもんでしょう。

　そこでイワト映画会第一回は、五十嵐久美子の『遠足』にきめた。ウィーン郊外グギング村の神経科病院で共同生活を送る心を病んだ画家たち、それをたんたんと見つめるドキュメント。定期的に宝くじを買いに行く男、たずねてきた身内との沈黙の面会と別れと見送り、年に二回の恋人とのデート、そして創作の時間。ただひたすら過ぎ行く日常。かれらの作品の展覧会が開かれることになりバスに乗りプラハまで「遠足」に出かけることになった。大いににぎわう会場での高い評価。興奮した観客と作家たちとの奇妙な隔たりが、まさにたんたんと画面に映しだされ、「遠足」は終わる。

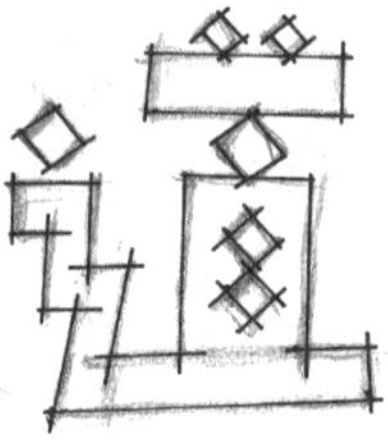
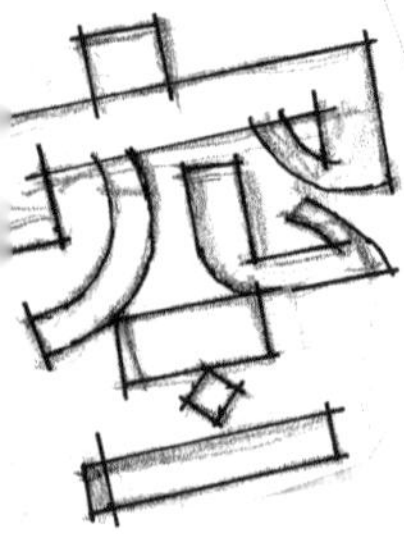

第二回は、横浜聡子の『ちえみちゃんとこっくんぱっちょ』。青森県出身の、若い女性監督作品。映画美学校卒業制作のこの短編で、二〇〇六年、ＣＯ２のオープン・コンペ部門最優秀賞受賞。雪国である。しかしこの映画には、あの厳しい吹き降りはなく、水気のおおいべちゃついた雪が、あたりまえのように画面を占拠し、あたりまえのように歯科技工士を目指す女性の日常が、この監督の目をとおして、あたりまえである故にシュールでコミカルな不連続線となって描かれ、ぶつりと終わるが、不連続線も連続はするのだ。

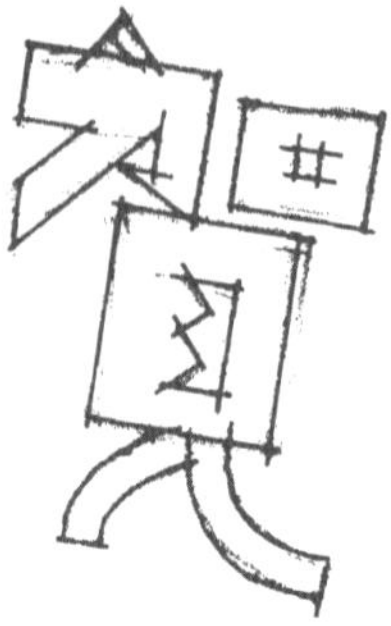

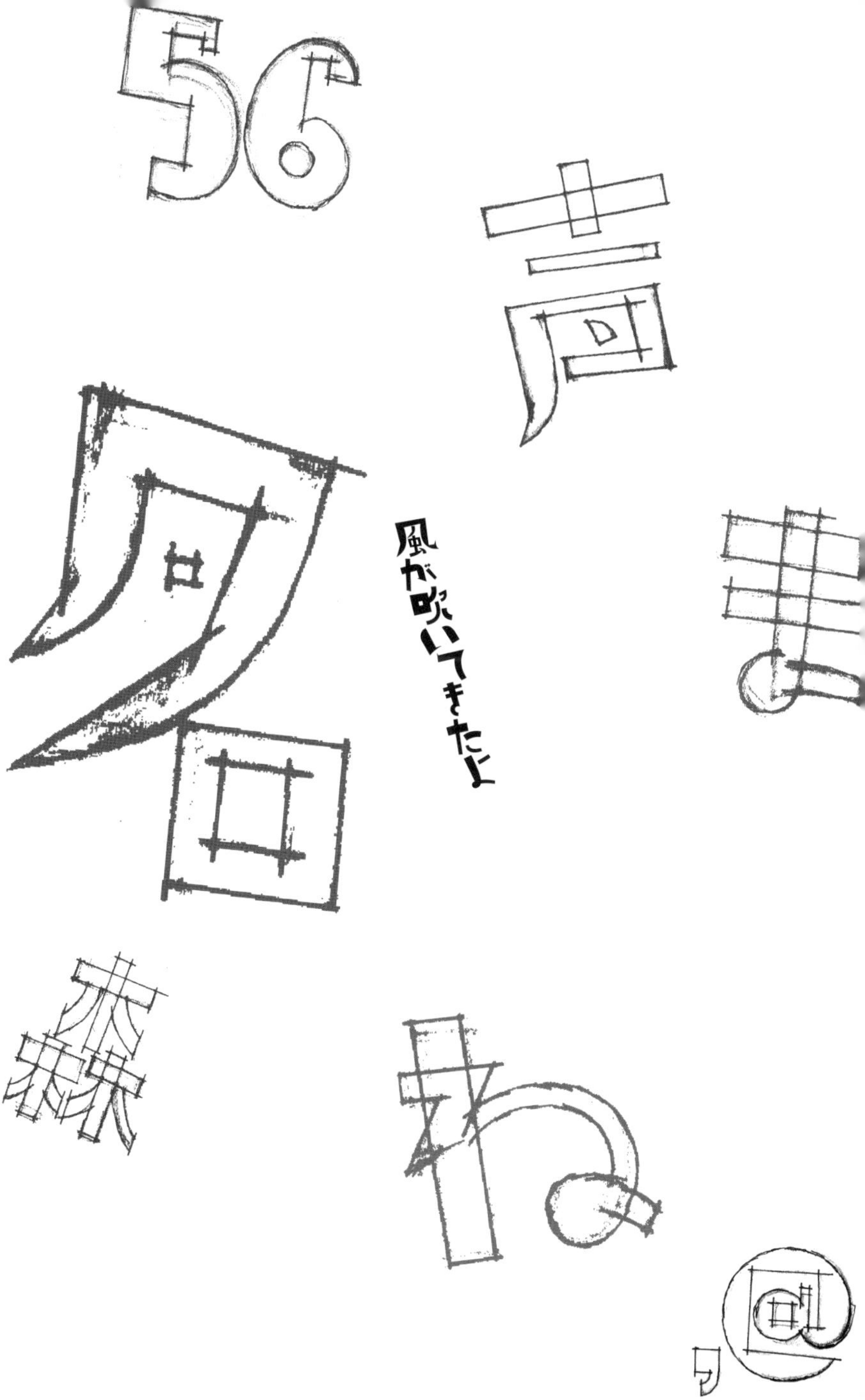

風が吹いてきたよ

猫がきた

苗羽《のうま》の常光寺さんから小さな雄猫がきた。ほわほわの白い毛に明るい茶のまじった、いかにも頼りなさげなヤツがきた。だが騙されまいぞ。これまでになん匹もの、ままならぬヤツらと付合ってきたのだ。とりあえず慈空和尚さんに因んで「そら（空）」と命名した。ここは真言宗の地場でもあるし空海さんの空でもある。

空は耳から血をながしていた。野犬か鳥にヤラれたらしいという。島は、犬と猿と猪と鹿と鳥の天国なのだ。もっと気候がよくなればウグイスだって啼くぞ。家のなかには、けっこうデカいヤモリやムカデ、タランチュラと見まごうようなデカい蜘蛛。猫は自分より小さなものには、平気でじゃれまくるが、ちょっとカナワヌと見るや、距離をおいてやり過ごす。しかし、どうも寸法だけの問題ではなさそうだ。数日まえに、ウチに山羊がきた。内澤旬子が飼っているメス山羊「カヨ」を彼女が東京出張のあいだ我が家で預かることになった。空の反応や如何にと見守ると、鳴き声には一瞬ギクッとしたが、それははじめのうちだけで、あとは平気でくっついている。山羊は庭の雑草を食べ尽してくれるというフレ込みで、たしかにすごい食欲、しかし、入れたぶん、出すわけで、まるで浜納豆のようなヤツを散弾銃みたいにブチまける。空よ、なにごとも経験してみないとナ。

　空は作業服を着たおとこがだい好きだ。ビチッときめた作業ズボンと地下足袋、だい好き。ときどき我が家に顔をだす、塩屋のカバちゃん、だい好き。脚に飛びつき離れない。どうも塩気がきいているようで、苦みばしる。

　要するに、空は作業の邪魔（参加）をするのが、とにかく好きなようで、庭の草刈りにも、日課にしている焚き火にも、音も無く忍びよって、後ろから背中に飛びつく。油断ならぬヤツだ。ものかげから突如あらわれ、オドシのポーズで迫ってくる。あれは一体どうやって習得したんだろう、チビのくせして……。

　家の裏にきれいに整地された場所があり、夕刻になるとお年寄りの男女が数人集まってゲートボールがはじまる。その声が聞こえてくると、もう空は、そわそわ、しばらくすると「こら」とか「しっ」なんて叱られて、総身の毛を逆立てて、しっぽをまるで騎馬武者の旗指物のように風になびかせて、家にとびこんでくる「はい、ご苦労さま、食べなさい」。

　ここから空の、夜の部がはじまるのだが、いずれまた。

　空は寝て起きるたびに、大きくなる。ウチにきてから半年もたたぬうちに、倍ぐらいになっただろう。と同時に全身の毛がフサフサと長くなってきた、まさかこれペルシャじゃないよな。首周りの毛がとくに盛り上がって、これじゃライオンキングだ。行動はどうやら夜行性、昼のうちは、けっこう寝て、静かで、仕事の邪魔をしなくて助かるが、夜になるとふらふらと、お出かけ。

島の夜は暗い。都会とちがって街灯はまばらで足もともおぼつかない。そろそろ寒くなってきたし、家中しめきってあるのに、どっから出たの？　あの子にとっちゃ、こんな家、どこでもドアよ。

ん、なんの気なしにテレビをつけたら、猫がいっぱいの岩合光昭さんの番組だった。緑深い森林に画面がかわり、そこに空が登場した。えっ、まさか。「ここはノルウェーの森、あ、ノルウェージャン・フォレストキャットですね、こう見えて敏捷なんです」。ぴょんぴょんと倒木を跳びこえて姿をけした。

御塩のカバちゃん

カバちゃんこと蒲敏樹さん、小豆島の田浦《たのうら》に自力で建てた塩釜と、復活させた塩田を運営し、「波花堂」の「御塩《ごえん》」という商品ブランドを立ち上げた。料理用の塩というより、もうひと味というときにパラッとひとつまみする。この調味料のお手柄で、ぴたりと味が引き締まるから不思議だ、きっと瀬戸内の海のダシがきいてるんだろうね、なんて半可通なことを言うと、海水のカルシウムが雑味のもと、これを取り除く作業がたいへんで、味を安定させるのに神経を使うんで、目がはなせないという。彼は勉強家でも、読書家でもある。おそらく、火に木を焼《く》べ、海水をかきまぜながら頁をめくる、素敵な時間を過ごすのだろう。

内海ダムの近くにある水田に用事があるときに、一服つけにたちよる。煙管だよ、カバちゃん田舎のおじいさんだね。キザミだよ。へぇー、今時こんなの売ってんとこあるの？　ちょいと一服させて、わぉ、こりゃすごい。むかしこの島は、葉タバコの生産地だったんすよ、屋根のうえに小さな屋根をのせた独特な小屋が何軒もありました。

彼はこの島では害獣と言われている猪、鹿の狩猟免許も持っている。鉄砲はつかわないが罠はしかける。とどめはどうするのか訊かないが、さばく道具類はいろいろ、使い勝手のよさそうな刃物を揃えている。木に吊しといて血抜きをしてからだね。まるでアンコウの吊し切りだね。ビニール袋に小分けした肉片がドサッと届く。猪も鹿も食してみたが、調理法にもよるのだろうが、いまいち口に馴染まない。『二番煎じ』でも聞きながら、一杯やろうかカバちゃん。

かれは学生時代は「演劇部だったんすよ」。へぇ、噺も芝居も好きなわけだ。台所で公子さんが聞き耳をたてている。

『二番煎じ』といえば、神楽坂のシアターイワトで古今亭志ん輔師匠が、二〇一〇年の暮れに高座にかけた噺だった。師匠に内緒で楽屋裏で猪鍋をしこんだ。

噺は、暮れの夜回り連中が、寒さにかこつけて番屋で猪鍋をしこみ、ときどきチェックに回ってくる同心の目をぬすんで一杯やろうという寸法。そこへ同心が覗きにきた、あわてふためき「あまり寒うござんすので煎じ薬を煎じております」「どれ」と一杯口にふくみ「うむ、二番を煎じておけよ」と……。ぼくらの猪鍋も、ちょうど頃合いで仕上がっていた。

「カバちゃん、朗読やってみない」、ほら始まった。

「こんど朗読の会をやろうと思うんだ、カバちゃんなら出来るとおもうの」

しばし、シブく考えて「やってみます、何を?」。「黒島伝治」。

黒島伝治はこの島(小豆島)出身の文学者で、二〇一三年に、小豆郡土庄町の出版社サウダージ・ブックスから『瀬戸内海のスケッチ　黒島伝治作品集』が出版された。その一月ほど前に、神保町のスタジオイワトで、サウダージ・ブックスの浅野卓夫さんに会い、シンボルというかマークをつくりたいけど、相談にのってくれませんかと言われた。そこへ、まるで仕組まれたかのように、内澤旬子さんが現れた。その日は「高橋悠治とｐｈｅｗ」のコンサートで、打上げのときだったのだ。スクラッチボード風で鳩がオリーブの小枝をくわえている図がいいね。彼女はやゝ怪訝な面持ちだったが、数日後に送られてきたものは即座に使えそうな出来ばえで、即サウダージに転送。いま本の表四に鎮座している。

この島に移住してから、黒島とか壷井という苗字が多いことに気づいた。ということはこの小さな島の古くからの住民・家名ということだ。黒島伝治、壺井栄の、ぼくが読んだ数少ない作品のなかにも、いまこの島の日常的な風向き、雲行き、日差し、食べもの、延々と繰り返されてきたであろう、季節とともにある生活が、こくめいに描かれてある。この実感を地元の言葉で聞いてみようではないか。

島の財産

小豆島の財産は美しい風景と美味なる食物だけではない。むしろ、過去の遺産のなかにも次の世代に残すべき芽が育ちつつあるのではないか。

数年前、オリーブ公園近くにあった森口屋旅館が廃業した。この宿には多くの新進気鋭の画家や画学生が投宿し、画帳や色紙や油絵などをのこしていったという。ここに集中しているのは、ここからせり上がった丘の中腹に小磯良平がアトリエを構えていたからだろうか？　いまはもう改装されて、だれかの別荘になっているらしい。それに目の前に、まあたらしい家が建てられて、視界をさえぎっているが、たしかにこのあたりからの眺めは、島でも絶景の部類にはいるだろう。

内海《うちのみ》をはさんで岬の分教場（壺井栄の『二十四の瞳』）のある田浦の半島を遠くにみる、おだやかな風景である。

スケッチや色紙にのこされた画は淡彩などで肩の力のぬけた軽やかなものが多い、風景画もあるが、たぶん世話をしてくれた人たちなんだろう、すぐれた人物画もある。その確かなデッサン技術を見ると、いずれ名のある方々とみた、がサインもなければ覚え書きもない。猪熊弦一郎、宮本三郎、古家新、向井潤吉……とわずかに判明はしたものの、ほとんどが不明のままだ。ここにある四、五十点の作品は島の役場が、散逸をおそれて保管しているものだが、まだどこかにひっそりと残されているのでは、と思ってしまう。いずれにしても一九〇〇年代半ばの画学生たちのレベルの高さをおもい知る、貴重な作品群だ。

タコのまくらと満月バー

神楽坂のシアターイワトから神保町のスタジオイワトへ引越して、二〇一二年の初夏、「内澤旬子のイラストと蒐集本展」が開催された。いま思えば、かなり貴重な彼女自身の生イラストと中近東を旅した際に集めた宗教本（コーラン）などの貴重本のコレクションだった。

そのとき第一回の「満月バー」が同会場で開かれた。八巻美恵、岸本佐知子、内澤旬子、という大勢のママが居る。飲物はラム、ウオトカ、マオタイなど強力アルコールを揃えて、ビルの隙間に出た満月をチラっと愛でて……。その「満月バー」が、遥か海をこえ小豆島三都半島池田「タコのまくら」のオープンに参戦したのだ。

一四年の二月に神懸通に、わが家の引越し先がきまったときに、どこからともなく集まってくれた島の若者たちのひとりが山ちゃんこと山本貴道さん。彼は自然舎《じねんしゃ》という島のガイドとカヤック・マスターをしていて、この度めでたく六年がかりでカフェ「タコのまくら」の開店にこぎつけた。小体な古民家を改装していると聞き現場を見学にいき、お店の名の由来を聞き、さしでがましくも、この看板の文字、描きましょうと申し出た。

山ちゃんは、もともとは東京都の職員で小笠原で水質検査などにたずさわっていた高給取りだったというが、なぜか突然、地元である小豆島にもどり、カヤック&ガイドをはじめたのだ。海水と魚のことはもとより、タコ獲り名人でもあり、人柄はきわめつきすぎるほど温厚。でいて凝り性。だからこんなに時間がかかってしまったのだろう。

十月七日、満月前夜、ミエさん、旬子さん、公子、一歩くん、この島で一番という居酒屋「なぎさ」で痛飲、はやくも海の上にはほぼ満月。

八日、はるばる東京から、ボイジャーの萩野正昭さんと蒲生淳さんが来宅。電子本の話で盛り上がる。頁数に制限がある紙本と無制限の電子本とどちらが有利か、不利か、競べるべくもない話。そのまんま「タコのまくら」へ雪崩れる。この夜こそ満月、皆既月食のおまけ付き。このうす汚れた地球の影にじわじわと侵食されて、「満月や大人になってもついてくる（辻征夫）」——。

「島で話そう」

「馬について話そう」寄田勝彦vs.内澤旬子。これは「島で話そう」第一回のテーマだ。この対談は旬子さんの関心領域の人々とおおいに公開討論するシリーズだ。寄田さんは「他力サンガ発起人」と名乗っている。馬と人とのかかわり、馬の治癒力研究は遠く古代ギリシャはヒポクラテスの時代までさかのぼるという。足腰の不自由な人でも、馬に乗せることができれば、馬の歩くリズムに人間の身体機能が呼応して、治癒力がめざめるという。特に、心の病には馬との交流が絶大なちからを発揮するという。科学的検証と実例をまじえた、この話には説得力があった。「ところで馬に乗ったことある人いますか」。ぱらぱらと手が上がった、地元の二人のお婆さん。三十名ほどの出席者のうち、このお二人はすごい。「むかしは神懸の観光や木材の切り出しは馬だったもんね、馬に引かすと木が傷まない」。へぇー、そうなんだ。機械でバリバリ、観光バスでグルグルなんて、風情がないよね。

小沢信男様

こちらこそ大変ご無沙汰いたし、先日は結構なカレーまで頂き、まことに恐縮いたしております。美味しくいただきました。小生も東京堂のベストテン・ウィンドウはときどきチェックいたしますが、いつもは別世界の出来事であり、ちらりと、ジャンルと出版社、書名、著者、装丁デザインなどを確認するばかりでしたが、今回はちょっと初々しいルーキー時代に戻ったような気分を味わわせていただきました。それとは別のときだったかもしれませんが、店内平台の目立つ場所に内澤旬子さんの『捨てる女』をみつけたときも妙な気分でした。この短い時間に『捨身なひと』と、いわば人生覚悟の書をたてつづけに突き付けられたことです。さらにミロコマチコさんの「絵」も、こちらからは一切注文つけずに出来上がりをただ待っていたのが「バビルサ」。ちょっとだけ「犀」に似たところもある実はイノシシ科の珍獣、牙が伸びすぎて、やがて自らの眉間を貫いてしまうという絶滅危惧種だそうで……。まだまだ知らぬことだらけの世の中です。今年の冬は寒気がとくに厳しいとTVが申しておりました。どうか暖かくして、お過ごしください。

またどこかのちいさなライヴ場などで、お目にかかれるのを楽しみにしております。

平野甲賀

二〇一四年十月十八日より一ヶ月、小豆島土庄のメイパムというギャラリーでミロコマチコさんの「つちたちのはなし」「つちたちのはなしのつづき」という展覧会がひらかれることになった。その準備のさなかに、お邪魔し、ちょっとだけミロコさんと話をした。ミロコさんはこんども猛獣の姿を真横から描いている。たしかに猛々しいその姿も横からみると、緊張感と同時に案外に素直に隙をみせるものなのかと、ぼくは思った。もちろん彼女はそんな解説はしない。「絵を描くときに、かれらから、なにか物語を聞くの……」。ミロコさんは「ん、え、聞いてみたい……」。「じつは動物は糞をするとき、いちばん興奮するのよ、騒ぎまくるの」と、向かいの「ひよこ食堂」でデッカいオムライスを食べながら、ミロコさんの目がキラッと光る。その時、展示された動物たちの目もいっせいにキラッと光ったにちがいない。

小沢さんの本のカバーに登場していた例の「バビルサ」も展示されていた。ぼくの曖昧な記憶の中に「眉間尺の剣」という言葉があり、たしか花田清輝の書き物のなかではなかっただろうか、と頭をコヅイている、誰か教えてください。

祖父江慎さんの作業

まだ、神楽坂に「巴有吾有《パウワウ》」という喫茶店が健在だったころだった。祖父江さんから対談したいと連絡があり、いったい何？　坂の途中の喫茶店の二階でどうですかと告げ待っていたのだが、いっこうに現れない。しばらくして汗をふきながらやってきた彼は黒地に模様をちらしたアロハを着て、ここへ向かう途中のタクシーが事故りまして、云々。対談は多岐にわたり、どんな話だったかもう憶えてないが長時間だったような、短かったような、今度はぼくのほうから伺いますと言ったところをみると、面白い、興味ぶかい時間だったようだ。

じつは、祖父江さんとはそのときが初対面だった。あのころは芝居やイワトの出し物のことしか頭になくて、グラフィック・デザイン界のことには、とんと気がまわらなかった。どんな人材

がいて、いまどんな仕事がトレンドなのか。出版や装丁のことは生活の糧として忘れることはなかったが、デザインするという感覚が、すこしズレだしてきたことはたしかだった。たとえどんなに不十分で限定された環境であっても、そうであるからこそ可能なデザインがあるということ、そして、いま言ったことと真逆なことが当然あるのだということを、遅ればせながら気がついた。

祖父江デザインでビックリしたものはたくさんある。なかでも、カバー、表紙、見返し、扉、の順番を全く裏返しにした装丁。表紙にいたっては内側に折り込んで糊付した部分と芯ボールがまず見えて、本来の表紙が裏側にまわり、見返しの役わりを果たす、というような仕掛け。で、本文はというと、まさかさかさまということにはなっていなかったと思う。だがまた、別の本では一行ずつ角度を微妙に変えた頁があるなど、いろいろな意味でたいへんな作業を苦もなくこなす祖父江さんだ。

ある日、東京堂書店で彼とトークショウをやったことがあった。彼は細かいことによく気のつくひとだ。「平野さんは、さいきんタイトルの最初の文字をすこし小さくしますね、どうして?」。「のれんをくぐる時、ちょっと頭をさげるじゃない」とかわしたが、よく観ているのにおどろいた。終演後サイン会。たいてい、ぼくは見返しに太くて柔らかい鉛筆で書く、「古本屋にだすとき消しやすいように」。祖父江さんはページをしごいて小口に、用意してきた色マジックのいろいろ使いで、「ちょっと、どこに書いたかわからないでしょ」といたずらっぽく笑った、繊細なアイデアと工夫にびっくりする。

ひとこと、付けくわえれば。『デザインのひきだし』という雑誌がある。その頁をひらくと、祖父江さんに会える。グラフィック社発行、津田淳子企画・編集のじつに女性らしく神経と好奇心のゆきとどいた雑誌だが、そのデザイン作業のコマゴマしたこと、新技術、新材料、新工夫、に喜々として登場する彼に会える。二〇一四十一月三十日から小豆島のメイパムで、この雑誌の「特集・紙を綴じる＝製本加工をもっと知る！」の展示がはじまった。本はどのように造られるのか、そのアイディアから、印刷、製本のふだんは見ることのできない全工程、ひきだしの中にしまいこまれた試行錯誤までを、あますことなく見せる展示になっている。

この島は小さいけれど、じつは製造技術者の島なのだ。醤油や佃煮ばかりではない。ひっそりと、世界のヨットマンが注目する造船技術者、アジアから弟子志願者のたえない縫製技術者、細かな製麺から製造機械のメンテナンス技術者など、数えあげれば切りがない、彼らの、ひきだしの中身はどんな具合だろうか。

むかし島には電照ギク（菊）という名物があったらしい。一晩中電灯をつけて、育てる菊の花、しかしあまりに農薬を使いすぎて、やがて廃れることになったという。その同じ技法でこんどは苺を作る島の若者があらわれた。コンピュータ制御で、かつて島にあった「女峰」という、小粒な苺を復活させた。昔は日本のケーキにはほとんど、この種類がつかわれていた、甘みも見かけもなんとなく懐かしい。オリーブも柑橘類も、手はかかるけど小規模農業、賢い消費がこの島に合っていると思うのだ。

高知の画家

だいぶ以前に、リブロポートという出版社があった。ぼくの初めての作品集『平野甲賀　装幀の本』（一九八五年）を出版してくれた出版社だ。編集は及川明男さんが担当してくれた。

あの頃は「三日で一冊」などと豪語していた時代で、いま思えば、おそらくぼくの装丁稼業の折返し点だったのかもしれない。そんな縁でリブロポートでの仕事も増えたわけだが、デザインはひと味ちがう方向にむかいつつあったように思う。a-tempo というシリーズの企画編集とデザインにかかわった。どちらかというと大人の絵本といったおもむきだ。いま見ても、いや二十数年後の現在だからこそ面白いのかもしれないが……。

に合わせ舞うが如く行
う可し○決して周章て
ず騒がず蝶の如く飛ぶ
可し○祭或は宴会等の
余興に最適なり
九

織田信生さんの『図説　飛行術入門』や傑作『わたしカスミ草』石津ちひろ＋まえの・まり絵。石津さんの本の表紙には、小さく、「さかだちで読んでね」と註が付されている。このタイトルは音だけを逆さに読むと手ひどい、しっぺ返しとなっている。この他には小林恭二の二十歳の句集『春歌』や、知る人ぞ知る村上陽子の写真と文で『風のなりゆき』。その他数冊ある。

そして、二十数年後の先日、及川氏から、織田さんのイラストレーションで別役実さんの本をやると電話が入った。別役さんは、ぼくらにとって演劇界の先輩的存在だ、それを織田さんの絵で、一も二もなく引き受けた。一体どんな内容で、それをどんな絵で、織田さんが持参したスクラップブックのなかに、畳、いやゴタゴタと倒れあったビルのようなイラストを見つけた。これでどうだろう。別役さんの不条理演劇を絵解きしている。こんな解説はまったく不要なことだが、あまりにも『東京放浪記』というタイトルに相応しいと思ってしまったのだ。

それと同時に、じつはイラストの技法に魅了されてしまった。それは油彩用のカンバスを自在に切り取ったものに、直に自由に描き、削り、マチエールをつけ、じつに明るくて気侭な存在感を感じさせる。ぼくはつい喋ってしまった「こんど是非アトリエを訪問したい」と。彼は現在ふるさと高知市で子供たちに絵を教えながら生活している、という。

風が吹いてきたよ

ちょっと気がはやいけど、小豆島肥土山農村歌舞伎舞台でのコンサートについて、経過報告などを書きはじめようと思う。いまは約半年前だが……。というのは、この島の若者たちを信用しないわけじゃないけど、まあ、実にのんびりした連中ぞろいだからなんだ。口約束だけではおそらく三ヶ月ぐらいは、あっというまに過ぎてしまう。一つのカフェをオープンさせるのに六年を費やした強者がいる。その間、そうしたいという、ばくぜんとした希望と経費を持続させて、まあまあのものを実現したことには敬服するが、このコンサートの場合はちょっと困るのだ。

隣接した中山農村歌舞伎舞台使用の件はあきらめた。近いとはいえフジロックみたいに観客を移動させるのはどうなのか？　散漫になるのではないか？　などいろいろ疑問点が出てきて、今回は見送ることになった。

出演者のブッキング。音響・照明。食べ物。お土産の屋台は？　練習場。宿泊所、観客送迎バス。問題山積なり。出演者たちの出来ばえのほうは保証つきだが、あとはどれだけスマートに進行できるか。ちょっと心配。言い出したからには、キッチリやるけど……。

一月十八日、日曜日。大塚一歩君とコンサートの実質的な打ち合わせ、一歩君には今回のリーダーをお願いすることになり、手配一切を仕切ってもらうことになった。四国霊場のご詠歌に始まる夕刻までの流れを決めて、経済的な面もしっかりとおさえてもらう。つまり制作部の仕事である。それに是非この催事を「島の名物」にしてほしいと思いながら……。東京神楽坂、神保町と仕掛けてきたパフォーマンスを肥土山の歌舞伎舞台にのせると、さて、どう見えるか。

餅つき

塩屋のカバちゃんが餅つきしませんかといってきた。へえ、餅つきか、子供のころ一回だけやったことがあったが、本格的なのは知らないのだ。どんな支度をすりゃいいの？　道具は持ち込

風が吹いてきたよ

みますから、と力バちゃん。公子さんは何やら考えがあるらしく、前日からせっせと準備をしだした。小豆をたいたり、大根をきざんだり、出し汁をつくったり。

ここんとこ曇天つづきで、ちょっと寒い、ところが当日は朝から晴天、風もなく暖かい。日頃から行いの正しいひとはさすがだね、みるまに道具が運びこまれ、薪まで用意してある。最後に百キロもあるという石臼が据えられた。島はほとんど石なんです。こうした時はかならず仕切るという、タコまくの山ちゃん登場、まずお湯をください。杵と臼を暖めないと。年代物のせいろが蒸気を吹き上げて、もち米が蒸された。手返しよく和美さん（カバちゃんの恋女房）が手水を打つ。

不思議なもんで、こうした時は、はじめは小人数だったのに、餅がつきあがるたんびに人がふえる。しまいには、役場の町長まで部下を従えて現れ、入れ替わり立ち替わり、二十人ほどの人間が碗を片手に庭にいる。山羊もいる。猫もいる。

島の餅は四角ではない。関東で見かけるのし餅ではない。聞くところによると、ベテランのばあちゃん連ならば、ひょいとつまめば丸餅が一口サイズで一ちょうあがる。それをあんこ汁や大根おろし、煮汁のなかにほうりこむ、そして、お腹のなかに消えていく。この一連のながれで作業は完結する。後にのこったのはデーンとおそなえ餅。あの懐かしき包丁できりわける作業が、一手間も二手間も、はぶけるというわけだ。炭火囲んで、ぷーっとふくれる餅に海苔と醤油の焦げた匂いは、いずこへ。ちょっとめずらしかったのは玄米餅だね、玄米はおかゆにしても、たいへんおいしいものだ。餅だと、いったいどんな味になるのでしょうか。

ひと段落して。一升ビンも、ビールも空になり、話はまだまだ盛りあがっているようだ。新情報もいろいろ飛び交っているようだが、ぼくはちょっと外れて一仕事。

あとがき

長谷川四郎さんに「あとがきの歌」という詩があったと、拙著『文字の力』（一九九四年、晶文社）のアトガキに書いている、だから私も、四郎さんにならって、「アトガキ」という描き文字を描く云々。などと書いた。

その後『イワト』という小冊子を発行していた折も「あとがき」という描き文字を十六通り作った。十六回で終わったが、この数になにか意味があるわけではない、たまたま、そこで終わりになっただけで、そんなにいろいろスタイルをかえたのは、まだまだ出来る、終わりたくないという気持ちの表れだったんだとおもう。意外と後をひくタイプなんだ。

芝居やコンサートには、びっくりするような鮮やかな結末があるかとおもうと、えっ、もう終わったの、とあっけないのもある。ぼくら黒テント時代に加藤直の『シュールレアリスム宣言』という芝居があった。皆んなの心に残る、感動のエンドマーク特集。というバカ受けのギャグに制御不能のバカ笑いに陥ったことを思い出した。

以前読んだＳＦ小説のなかにこんな一節があった。――その時期はもはや発端でも序論でも、待ち合い室でも、大いなる期待のトランポリンでもない。気づかぬまに状況が変わってしまったからだ。準備段階だと思っていたものが、終局的な現実に変わってしまっており、人生の前書きが、つまりは存在の本当の意味だということがわかったからだ。期待というものは、実現不可能な幻想であり、必然性のない、予備段階にある一時的なものは、それがなんであれいっさいが、人生の唯一の内容である。実現しなかったことは、もはや絶対に間違いなく実現することはない。だまってそれに耐えるしかないのだ、恐れたり、そしてできることなら、絶望したりすることなく。（スタニスワフ・レム『宇宙飛行士ピルクス物語』深見弾訳、早川書房）――

なんとまあ、ずけりと言ってくれるもんだ。そりゃあそうだ、と思うふしは多々ある。釘一本打ち込むのに一週間も、ああでもないこうでもないと思い悩む、おまけに釘の頭にトンカチの狙いが定まらず、指先をおもいきり打ち付ける、なんて愚行をくりかえし、こりゃ、トントンと終わることなんか出来ないと悟るのだ。

台所の白板に二〇一四・二・一九神懸へ、と書付けてある、あれから二度目の春がやってきた。鹿の鳴き声が響き渡り、寒霞渓の樹々が芽吹き鶯が鳴き出し、濃霧がたちこめてフェリーが運航停止、桜が咲き雨が続く、今はあたり一面新緑の季節だ。陽がまぶしい。散歩にでると少し汗ばむ。
東京から離れ老夫婦で静かな生活になるかと思いきや、相も変わらず人の出入りは多い。こんな小さな島で、こんな短い一年と数ヶ月の間にも、いろいろな人に会い、いろいろな話を聞く。そして、こりもせずいろんな計画をたてる。不思議なことに東京にいたときより頻繁に旧友から連絡が入る。コーヒーを啜りながら、切ないピアノ曲を聞いていたある日……。

いきなり電話がかかってきた。いきなりに相応しい人、稲葉良子さんからだった。私さ、こんど淡路島にいくのよ、えッ、ここは小豆島だけど。知ってるわよ、私さ、こんど『阿部定』に出るのよ。え、人形浄瑠璃かなにか。違うわよ。若いひとたちの劇団があってさ、街頭歌手の役で、それと歌唱指導。そこは淡路島に近いんでしょ、ちょっと寄るわ。大丈夫、旅行会社のひとに聞くから。

稲葉良子さんはぼくらが演劇にかかわるようになった「六月劇場」以来の残り少ない友人で、故山元清多夫人。唄といえば彼女は一目置かれる存在だ。なぜ「阿部定」を唄うことになったのかを拝聴し、それでは唄ってあげる、といきなり楽譜をとりだした（なんとこれは、当時、ぼくらが手づくりした楽譜集ではないか）。携帯に録音されたピアノ伴奏にあわせて唄いだした。とうぜんぼくらにとっては懐かしのメロディー、（佐藤信の）歌詞まですらすらと思い出される始末。クルト・ワイルも、いまや艶歌だね。

ここに並べた文章は、古いものもあれば、新しいものもある、読み返してみて、付け加えたところもある。それは前に書いたことに、うながされ、連想したことにすぎなくて、終始一貫した論理も、結論もない。時代、内容ともに貼り雑ぜです。同じようなことをくだくだと繰り返し書いている。その上、先輩たちが愛用し、大切にしてきた言葉を、随所に断りもなく流用している。

ここでとくに「趣味の思想」という、ぼくにとってまことに都合のいい名言を残してくれた小野二郎先生には特記して感謝しなければならない。ウィリアム・モリスの研究家であった先生の思想を、たぶん完全に理解しえたわけではない、指先から頭への一元的な運動を、これまた長谷川四郎氏の名言の「物を見てかく手の仕事」と、とらえ、この本の題名にさせていただこうかと思ったが、さらにもう少し前に『目下旧聞篇』(一九六三年、未来社)という奇妙な著書があり、その読みとして「きょうかたるきのうのこと」という言葉があった。そこで、この平明さが、もっとも、ふさわしいのではないかと思い直した。またもや、なんのことわりもなく頂戴することにいたしました。どうもすみません。

平野甲賀

各文章中に入っている図版説明

22・23　長谷川四郎の「無名詩人のうた」コウガグロテスク試作。

46・47　黒川創『京都』のカバーデザイン。

54　佐野繁次郎の『銀座百点』の表紙文字。

66・67　六月劇場『審判―銀行員Kの罪』第一幕の舞台スケッチ。

72　長谷川四郎『山猫の遺言』の函文字。

75　木下順二『本郷』の函と表紙。

78　『父』のカバー文字。

81　椎名誠『武装島田倉庫』のカバーデザイン。

83　小林信彦『怪物がめざめる夜』の函と表紙デザイン。

86　小島信夫『残光』のカバー文字。

92・93　小島武のレタリングの練習。

95　長新太のイラストレーション。

98　上、つげ義春　下、谷岡ヤスジ。

99　上、赤瀬川原平　下、片山健。

100・101　「イワト」の看板文字。

105　「可不可」長谷川四郎の造語、コンサートの宣材のための文字。
　　『カフカ／夜の時間』高橋悠治の著書のための文字。

106　黒テント、ピランデッロ『作者をさがす六人の登場人物』ポスター下絵。

111　武井武雄のエカキサンのカットと「製本之輯」説明図より。

114　鶴見俊輔と平野甲賀、須田町「まつや」の前で。

124　カフカ自筆のカット。

132　長谷川四郎の一筆書きのイラストレーション。

133　長谷川四郎の一筆書きとサイン。

170・171　ミロコマチコのバビルサと『捨身なひと』カバー。

174・175　織田信生『図説　飛行術入門』の一頁。

177・178　「風が吹いてきたよ」宣材のための文字。

頁の随所に挿入された文字のデッサンは、装丁やポスターなどのために描いたもの、後に「コウガグロテスク」のために清書され、フォントとして収録されているものもある。

著者について
平野甲賀（ひらの・こうが）
グラフィックデザイナー／装丁家。一九三八年生まれ。武蔵野美術学校デザイン科卒業。高島屋宣伝部、京王百貨店宣伝部を経てフリーデザイナーとなる。六四年から晶文社の装丁を手がける。七三年「ワンダーランド」創刊。七八年「水牛通信」「水牛楽団」参加。八四年「講談社出版文化賞」ブックデザイン賞受賞。九二年「文字の力」展。二〇一三年「平野甲賀の仕事 1964-2013」展。著書に『平野甲賀 装丁の本』（リブロポート）、『平野甲賀〔装丁〕術・好きな本のかたち』『文字の力』（以上、晶文社）、『僕の描き文字』（みすず書房）などがある。

きょうかたる きのうのこと

二〇一五年五月三〇日初版

著者　平野甲賀
発行者　株式会社晶文社
東京都千代田区神田神保町一―一一
電話（〇三）三五一八-四九四〇（代表）・四九四二（編集）
URL http://www.shobunsha.co.jp
印刷・製本　ベクトル印刷株式会社

ISBN978-4-7949-6881-4　Printed in Japan